宋给你的故事

刘　钊◎著

中国法制出版社
CHINA LEGAL PUBLISHING HOUSE

序　正解大宋王朝

高建群

关于大宋王朝的历史，我真的是不甚了了。我相信许多国人也和我一样，道听途说者居多，雾里看花者居多。我们接触到的宋朝，更多的是杨家将戏里的北宋，岳家军传说中的南宋，关于陈桥兵变、杯酒释兵权，关于靖康之耻等等话题。

我记得有一出秦腔戏，叫《赵匡胤下河南》，一代英雄赵匡胤出台，绕着戏台走了一大圈以后，开始扬着嗓门叫板："来将何人？报上名来！我赵玄朗降龙棍下，不打那无名之人！"这叫叫板。叫完了，便开唱。这是我见过的最张扬、最慷慨的一出秦腔戏，而那叫板声，得用陕西话来说。当然了，如果豫剧中也有这么一出戏，那就得用河南话来说。如果换成普通话，则很难传达出其中的那种精神。

本书的作者是一位北京的朋友，大约突然有一阵风，钻进他的脑子里了，令他对那个曾建都于他家乡地面上的大宋王朝，产生了深深的兴趣与迷惑。他决心用一支秃笔，以诗记史，把这个王朝的全过程写出来，把社会对这个王朝支离破碎的印象连缀起来。在一个周末，他坐高铁走了将近一千公里来到西安，来到我的工作室，将他的文稿送给我看。

这本书是严谨的。为写这本书，作者做了大量的阅读、考据和思考工作。同时，这本书对大宋王朝的起根发芽、北宋迁都、南宋灭亡的过程，也做了全面的文学详述，将它当史书读可，当文学演义作品读亦可。

我们对那个离现在并不算太遥远的王朝，委实是知道得太少了，这对那个王朝大约是不公平的。宋朝大约是当时世界上最富有的王朝。它的文化在当时也达到了空前的繁荣。支撑起中华传统文明的三根支柱儒、释、道，亦是在那个朝代，融合成一个整体。而从北宋的汴梁迁都南宋的临安，则对长江流域以及南方边远之地的开发，起到了重要的作用。

我对作者说，这种介乎正史与演义之间的写作手法，我当年听金庸先生说过。2003年华山论剑、碑林谈艺，我和金庸先生对话。金庸先生对我说，他有一个野心，即将中国的二十四史写成小说。我说这能写吗？金庸先生说能的，面对大事件，找一两个历史人物，作为叙述视角，让人物从大事件中穿肠而过，这样人物形象出来了，历史事件也比较省力地表现出来了。

金庸先生已经在一个月前作古，愿他安息！我当时曾经写了一篇文章悼念他。他在世界华人圈中的影响，当代活着的作家无人可以比肩。

历史叙说充满了太多的谎言。我一直有一个疑惑，大宋王朝在各个艺术领域取得了那么多的辉煌成就，但是为什么在当时，就不能组织些文人写一写他们的五马长枪呢？也免得后世对它产生种种的误读。

好在有一个当代的好事者，写了这么一本讲解大宋王朝的书。

当人们问著名作家大仲马，为什么能写出引人入胜的历史小说，有什么秘诀时，大仲马回答说，历史就像一枚钉子，在上面挂着他的小说。

我祝贺这本书的出版，前面我说了，作者在治史、治学方面是严谨的，他确实是想真诚地为读者传递出一个正解的大宋王朝，因此他的描述是可信的。此外，他又作了一些很有特色的文字渲染，从而令这本书兼具可读性，也呈现出斑斓的文学色彩。

自序　努力当一个“翻译”历史的小学生

我一直觉得，这个世界上有两类人，一类是喜欢历史的，另一类是暂时不喜欢历史的。

我自认为属于前者，但是，我并不觉得自己和后者有多大区别。

喜欢历史的人，大多是因为喜欢历史里的故事，以及蕴含在故事里的智慧，而这些，和那些暂时不喜欢历史的人并没有本质上的区别。

那么，就应该是传播的渠道出了问题。

现在的书店里倒是摆着不少所谓的历史读物，可惜很多都走了两个极端。

一个极端是太烦琐：满篇是年代、人名和文白杂交的语言，比英语书还催眠；另一个极端是太过简约：大张旗鼓地想用几句话，甚至几个字就概括出一个历史阶段，哪有那么容易！

这个问题的本质在于，很多读者，特别是那些暂时对历史还不怎么感兴趣的读者所真正需要的，应该不是原样的抄录，也不是简单的概括，而是合理的“翻译”。

这就像在解读大部头的著作时，一定需要一个“剥茧抽丝”的过程，要通过我们的工作，能让读者一眼就抓得住最关键的东西，或者能直观地感受到其中的乐趣所在。如果只是生硬地照搬原文，或者只列个标题什么的，那样准确倒是够准确，就怕没多少人能读得进去。而类似的传播渠道，显然就没有真正照顾到读者的感受。

我一直以为，历史书从来都应该是大众化的读物。从根子上说，对历史的研究肯定应该是客观的、严肃的，但是从表现形式上说，它又应该是生动的、多样的，应该紧紧地跟随着大众的语言习惯和生活场景去作必要的调整。

试想一下，如果历史的传播趋于小众化、精英化，那它怎么可能会有生命力？而当你发现所谓的戏说、瞎编已经牢牢占据大众特别是青年一代的市场，不负责任地把历史描摹成另一副完全不明所以的样子之后，作为喜欢历史的第一类人，除了拿所谓的“正统”历史来自我标榜，是不是也应该尝试着去做点什么呢？

在“翻译”历史这件事情上，我可能连个小学生也算不上，充其量只是一个外行的爱好者。但我认定了这个方向，就想要尝试去做一些也许很有意义的事情，仅此而已。

我想要做的也很简单，就是把自己所了解的历史故事，以及蕴含在故事里的智慧，去讲给更多的人听。或者说，我想通过自己的努力，让第二类人越来越多地变成第一类人，能有一条轻松愉快的渠道，来更为直观和深入地感受历史的魅力。

因为真实的历史真的是无限精彩！

最后，我想对那些一直感慨没有好剧本的编剧说一句：来看看真实的历史吧，谢谢！

目 录

宋太祖赵匡胤

宋太宗赵光义

第一章

兄终弟及的建国大业

清　王翚《临董源夏景山口待渡图卷》（局部）　天津博物馆

公元 959 年，这本来是个没什么特色的年份，连历史老师都不会为了它敲黑板，但是，就因为一个人的死，它开始变得不一样了。

这个人叫柴荣，是个皇帝，而且是一位很有作为的皇帝。

有作为到什么程度呢？直到今天都有很多人相信，如果他没有死那么早，夏商周的那个“周”或许就不会被分作西周和东周了，而是会被叫作“前周”，因为会有一个强大的“后周”出现，强大到足以让那两个周合起来变成“前周”。

老柴就是后周帝国的皇帝，他死了，然后就给另一个人留下一个莫大的机遇。

这个人就是赵匡胤。

所以我们要讲的不是老柴的故事，而是老赵的故事。当然了，还有他和他弟弟的子子孙孙的故事。

历史上，老赵被称作宋太祖，也是一位很有作为的皇帝。他最大的功绩在于结束了长达五十多年的“五代十国”乱世，建立了一个前后延续三百多年，而且在很多方面都趋于辉煌的封建王朝。

而这也是老柴的夙愿。

当然了，老赵一切的成就都是建立在老柴丰厚家底的基础之上的，没有这副家底，老赵绝不可能做得如此顺利。

我们来简单看看，老柴到底给老赵留了一副什么家底。

第一，他把中央政府的传统地盘扩大了。

所谓“五代”，简单地说就是一块居中的地方连续换了五次主人而已，后周是最后一代。比如五代的第一个朝代后梁，只不过是夹在黄河与淮河之间的一个小王朝，充其量也就是今天的河南、陕西、山东这三个省，再连上周边一些零零碎碎的地方，基本上都是吃面食的。可是老柴显然不是一个只满足于吃面食的皇帝，他还想吃米饭，所以就四处折腾了一下，这么一来，很多江苏人、安徽人、湖北人、四川人也都变成了后周的子民。有兴趣的读者可以对比一下中学时学过的地图，历史上所说的“梁唐晋汉周”五个朝代，后周的疆域是最大的。

第二，他把国内的粮仓都堆满了。

这一点非常不容易。古时候一说打仗，表面上是在拼人，根子上还是在拼粮食。谁的粮食多，撑得足够久，赢的把握就大。而纵观历史上的案例，一支部队打败仗也经常是因为粮食接济不上。肚子饿了，人心散了，队伍就也不好带了。五代时期大家有事没事都喜欢打来打去的，而粮食出产本来就不怎么够，所以能攒下粮食来更不容易。可人家老柴的过人之处就在于，他居然真的把粮食攒下来了。在战争年代里守着粮仓过日子，那绝对比守着金山银山还要踏实。

第三，他一口气养了多达三十万人的军队。

这几乎是一个压倒性的优势。因为在当时的物质条件下，三十万绝不是一个谁都能轻松实现的小数目。现在很多小说里动不动就二十万、三十万、五十万、一百万的，以为军队都是随便拿手捏出来的。其实养军队是天底下最烧钱的，尤其对农业社会的各种封建政权来说，十万就已经是一个非常高的数字了。而老柴之所以能养得起这么多军队，还是因为先有了上一个因素：粮食多，兵就可以多。

这也可以用来解释，为什么这五个王朝能被称为“代”，而不是像同时期其他政权那样被称为“国”，既因为他们是顺次宣称承继了中央政府的权威，一定程度上也是因为他们占据的是人口最多、最容易产粮食的优质地盘。有了粮食，再有了兵，其他关于名分之类的东西就都好说了。

综上所述，老柴在当时成了唯一一个有可能统一全国的人，其他的都只是时间问题。

但是，为什么老柴要把这大好的条件留给老赵呢？

谁说他想留了？他也不想留，他也想给自己用，可他偏偏就是在最不该出问题的时间问题上出了问题，一不留神，生了场病，挂了。

对，就是这么任性，钱没花了，人没了。你说气人不！

这么好的一副家底当然不可能直接就砸在老赵头上，毕竟老赵姓赵不姓柴，所以只能先老老实实站在一边看别人登基。

老赵当时的职位只是一个殿前都点检，其实就是一个普通中层军事干部，真要算起来连喝汤都没他的份儿，能让他站着参加登基大典，就已经算是给贵宾待遇了。

不过人家老赵可不满足于一直站着，他还想坐着，所以就偷偷地琢磨了点想法。话说他的最大优势就在于天生一张萌萌的包子脸，让谁第一眼看起来都觉得人畜无害，所以大家都没有认为他的那张大脸里面会包裹什么祸心。更何况老赵还特别会打仗，关键还经常打得赢，那就更是个宝贝了！所以，只要一有仗打，大家就安安心心地把他派出去顶雷，然后继续在朝堂上关起门来搞窝里斗。结果斗来斗去，老赵非但一点儿没受影响，还把军队里上上下下都给混熟了，当兵的提起老赵都觉得那可是个好人，跟朝廷里的那些大官可不一样。

这种效果的意义在老柴驾崩之后的第一场仗里就立刻显现出来了。

当时的情况是，老皇帝刚刚病死，七岁的小皇帝匆匆上台，军队里上上下下还人心惶惶的呢，突然之间就说要出征打仗，那些大头兵立刻就炸开锅了。

这个说，小皇帝才七岁，他知道我们是谁吗？他会管我们这三十万人的死活吗？

那个说，那些当官的只知道窝里斗，根本不关心咱们，咱们为什么还要替他们去打仗呢？就算是打赢了，又能对我们有什么好处？

这个说，如果有一个能真心为咱们考虑的人来当这个官就好了。

突然有人跳出来说，我觉得老赵不错。

另一个接着说，人是不错，可他职位太低了，没权啊！

那个接着说，那没事，咱们让他有权不就行了？

这个接着说，对啊对啊，让他有权，咱们就有好日子过了！大伙儿说是不是啊！

于是大家一起说，对啊对啊！

大事就这么定下来了。在那个年代，谁有兵谁就有理，其他的都不重要。

于是在一个月黑风高的冬夜，赵匡胤被一群大兵从温暖的被窝里拉出来披上黄袍，然后被自己的弟弟赵匡义推上马背，一个新的朝代就这样诞生了。这个故事也就是大家所熟悉的“黄袍加身”。

但是，打造一个新的朝代真的这么简单吗？

当然不是，人家老赵为此前前后后做了多少功课，跟他的弟弟一起密谋了多少小九九，那都是猜得出来的，只不过他自己不愿意承认罢了。

而且只要钱花到了，官给足了，有的是文人帮他上下粉饰。老赵这一套摆明了是谋朝篡位、大逆不道，可是这整个过程听起来是不是也没让人觉得有多可恶，反而有点众望所归、忍辱负重的意思，是不是？

所以，你们懂的……

不过说到底，老柴的这副家底最终落到老赵手里还是比较合适的，不仅一点儿没糟践，还给发扬光大了。

试想如果不是老赵接手，后果有两种可能。

第一种可能是后周再度变回后汉。

后周有个小邻居叫北汉，大概就占据了今天山西省北部的那么一小块地方，它的前身就是“梁唐晋汉周”五代里的那个“汉”，是被“周”从中原的优质地盘上硬生生地打到北边来的。最后一看实在没地儿退了，干脆认了隔壁的契丹当大哥，于是又在墙根底下勉强苟活了几十年。

后周、契丹和北汉他们三家的关系，简单地说就像是两个大人打架，中间夹了个随时准备占你点儿便宜的熊孩子。所以，一旦后周出了状况，比如小皇帝压不住场子了，比如闹了水旱蝗灾什么的，北汉那是一定会及时冲过来砸场子的。

第二种可能就是契丹国提前坐大了。这也是个概率很大的事，况且人家以前又不是没实践过。

不管出现哪种可能，后周的老百姓都免不掉一场难以估算规模的兵灾人祸，这后果简直是一定的。

所幸的是一切都没有发生，一切都让老赵这个包子脸算计得好好的。这并不是因为他有多厉害，而是他把准了一条大势：人心思定。

谁都不想再折腾了。在这之前的短短五十年里，中原大地上的皇帝走马灯一样地换。折腾了这么久，再喜欢玩的也该玩够了，也该想着赶紧找个老实人过几天安生日子了。

老赵就成了大家眼里的这个老实人。

不过，要当好这个老实人也并不容易。老赵从当上大宋皇帝的第一天起，就不得不面对“三座大山”。

第一座大山是军人专权的威胁。

简单地说，就是皇帝手里没有兵权。

兵权在哪儿？在给他披上黄袍的那帮老哥们儿手里。

这有什么问题吗？

问题很严重！你想想，今天这几个哥们儿觉得老赵不错，明天喝多了又觉得老王不错，后天再喝一场又觉得老石不错，那到底谁才是皇帝？

该怎么办？

说起来也简单，抓起来砍了一了百了。而且，很多朝代都是这么干的。

但老赵似乎并不这么认为。他是个在史书上出了名的宽厚帝王，从骨子里就愿意与人为善，不信的话你们就看看他的画像，是不是能让人从四面八方地感觉他特别地宽特别地厚？

所以，史书告诉我们，老赵是肯定不会下这个杀手的。

那怎么办？

老赵的做法也简单，他在皇宫里摆了场酒，把这帮老哥们儿都请过来，敬酒的时候就说了一个意思：要不你们都辞职吧，俺给你们钱！要多少给多少，中不中？

那个年代也没个摄像头，谁也不知道现场到底是怎么样的。据史书记载，众人当时是感其恩德，涕泣不已。

其实涕泣就对了，刀架在脖子上给你敬酒，换了谁都得就着鼻涕往下咽。到皇宫里边吃饭，那能是真吃饭吗？那是赌命去了！老赵都不用埋伏刀斧手啥的，只要每人后边安排两个御前侍卫一站，就保证要啥给啥了。等放你出去的时候，圣旨早下完了，不管你是三十七八还是六十七八，也只能安享晚年了。

这就是史书上被传为美谈的“杯酒释兵权”。反正老赵就没办过不厚道的事，史书上都写着呢。

老赵这个动作看似简单，其实解决了一个延续了几百年的大问题，那就是兵权到底掌握在谁手里的问题，而问题的主角就是皇帝和节度使这一对老冤家。

咱们先简单唠一唠这个事，这样有利于理解后面出现的很多问题。

最开始，兵权肯定是掌握在皇帝手里的，将领们带兵出征都属于奉命办事，揣着皇帝给的半块虎符出门，等办完事了再把虎符交回来，然后下班回家拖地洗衣服抱孩子，一切都显得那么安静和谐，似乎也没有什么不妥。

但是等到政权越变越大了以后，皇帝会突然发现一个非常严重的问题，那就是自己的手似乎不够长了。

比如，朝廷的主力此刻正在南京打仗，突然一个急报说有敌人包围山西大同了，该怎么办？

调兵过去？

你想累死他们是不是？你以为几十万人的火车票不是钱是不是？就算这些苦命孩子能靠两只脚拼着命跑过去，你以为敌人就会老老实实地在大同城下等他们？

那就再派一支兵？

说得轻巧！咱不刚唠过养兵的事吗？你真以为几十万人的军队是随便拿手捏出来的？捏完了还不粘手是不是？

那就……让当地组织兵力去打？

你看，重点来了……皇帝也是这么想的。

意见统一了，就可以直接开干了。皇帝说，清风，明月，你俩是我最信任的徒弟，为师此刻在天庭有饭局回不来，现在我全权委托你俩看管人参果树。清风守前门，明月守后门，我不管你们用什么办法，只要不让那只臭猴子进院，其他都随你们的便！

那么就有问题了。你让我守门，那你得给我兵吧？你不给我兵，那就得让我在当地招吧？你让我招兵，那你得给我钱吧？什么，连钱也不给？那我就去找土地爷要，你可不能拦着！

就这样，一批清风明月摇身一变成了节度使，在皇帝交给他们的那块责任田里扶摇直上，直接变成了一批作威作福的土皇帝。

然后呢？

然后你就拿我没辙了呗。权力下放容易，再想收回去可就难了！

所以，安史之乱怎么发生的？唐朝怎么灭亡的？五代十国怎么出现的？就很容易想象了。

而老赵今天干的事，就是要趁着请你们吃饭的当口儿，让你们把兵权统统给我吐出来。

换句话说，你们几个现场交了权的，就安心当你的土财主吧，而其他那些新任命的军官，对不起，你已经跟节度使不一样了，天变了，你就老老实实按皇帝的指令带兵打仗就行了，兵都是皇上的，跟你没一毛钱关系！

说白了，这相当于又回到了节度使制度出现之前的老路上，并没有真的消除安全与效率这二者之间的矛盾。因为从理论上讲，这样开倒车，肯定会带来军队战斗力低下的副作用。

但是，这已经不是此时的老赵需要考虑的事情了。

搞定了内政，接下来就是外交了。剩下的两座山都在这里。

所谓的第二座大山，就是军阀割据的威胁。

刚才已经说过了，和“五代”并称的一个名词叫“十国”，这并不是虚指，那十个“国”都是实打实的割据政权，每个都有名有号，只不过没有同时出现而已。

此时的老赵眼前就横躺着七个大大小小的所谓政权，分别是南平、后蜀、楚、南汉、南唐、闽、吴越。

大家不要担心，我们没打算挨个儿介绍。

咱们挑重点的说。

其实，说是政权，它们的面积还没有省大。

比如第一个南平国，它的“一把手”充其量就是个“山大王”，纯粹靠着三峡地区的区位优势搞打劫，显得特别有前途。

为什么说这个地方有区位优势?

因为它在长江中游，北通汉江，南接湘江，不仅是东西水运的枢纽，也处在南北运输的交通要道上。

在那个主要依靠人力、畜力的年代，水运绝对是最经济划算的选择，几乎就跟不要钱一样。一百匹蜀锦从四川背到江南，光挑夫吃饭就得吃掉一大半。而水运就不一样了，一两个人撑船，顺着江水往下漂流，啥事都不用操心，搞得好了不仅不需要带粮食，卸货的时候还捎带卖点沿途捉的鱼啊虾啊啥的。

所以这条道商人爱走，劫匪也爱走。有个军官一看这地方好啊，躺在床上随便划拉都有饭吃，而且还山高皇帝远的，干脆割据吧。

于是这个政权就这么建立了。

这个政权有多大呢?不好说，大的时候有十二个县，最小的时候就荆州这么一个城，不过这丝毫不影响一个“山大王”想要当皇帝的梦想。

对于一个中央王朝的正规军来说，拿下这么个小政权当然不费什么事，老赵甚至都不是专门为了打它而来的，只是在兵发隔壁楚国的时候路过一下，就顺手给灭了。这样的“劫匪政权”只在乱世的时候才会出现，世道不乱了，它的好日子也就到头了。

除了这个当劫匪的迷你国王，还有一个心理上比较变态的国王也值得一提，就是盘踞在两广地区的南汉国王刘𬬮（音同厂）。

这个国王的突出特点是喜欢太监，他越喜欢谁，就越想让谁当太监。

每年开科取士，这边把你的名字写到红纸上，那边就把你抓起来按在台子上，咔嚓一刀。行了，当官去吧!

这种喜好在整个中国史上似乎都是独一份的，而且不止如此呢，他的智商似乎也很让人着急。

举个例子。

刘𬬮这货在宋军大兵压境、朝堂一片焦灼之时，非但想不起要去率军迎敌，却一口咬定宋军此行只是为了来抢劫，并不是想占地。

说得满朝的兰花指都一愣一愣的。

好，你懂。那……该怎么迎敌呢?

好办，咱把广州城烧了就行了。

烧了?

对啊，城都没了，宋兵抢不到东西，不就自然退兵了吗?

然后呢?然后他真的就把城给烧了……

可烧完了宋兵还是没退。

没办法了，那就只能跑。他把金银美女装了十几艘大船，自己还没上去呢，就眼睁睁地看着船跑了……

没错，连船夫都觉得跟着这种领导混下去实在太没前途了，想要甩开他单干。就像这种人，如果不是沾了祖上的光，在肥皂剧里最多也就能活五分钟。

最后还有必要提一下的是一个错生在帝王家里的艺术家，也是个挺有名的国王，叫李煜。没错，就是写过“春花秋月何时了，往事知多少”的那个李煜。

在历史的评价中，他算得上一个优秀的艺术家，却连一个勉强合格的君主都算不上。

比如，老赵在打他的邻居时，他像孝顺儿子一样拼命地给钱给粮，生怕宋军打不下来。

他这样做的目的，无非是想博取老赵的好感，避免成为下一个目标。但很显然，这是一种饮鸩止渴的做法。

其实李煜并不是蠢到不能明白这些道理。等宋军收拾完了他身边的邻居，掉转枪头开始打他的时候，他写信对同样向老赵孝敬钱粮的吴越国王说："今日无我，明日岂有君？"

可人家直接把这封信转给了老赵，以表达自己的忠心。

在这件事上，李煜还真怪不得人家，倒推几年，他也这么干过，只不过那个时候被出卖的可怜虫是刘𬬮，而吴越国王只不过原样复制了一遍还给他而已。

他脑子抽风的地方还不止于此。在宋军大兵压境的时候，他天真地派出大臣出使开封，想要以理服人，劝老赵退兵。

他的理由听起来也没什么逻辑问题，就是说：我一直奉大宋为正朔，始终像儿子孝敬父亲一样地孝敬你，你为什么还要打我？

老赵一句话就给怼回来了：既然你都说是父子了，这父子二人居然还分成两家，合适吗？

怼得李煜连个屁都放不出来。

不过话说回来，他内心里似乎还是残存了那么一点君王血性的，就在都城即将被攻破之时，他居然把宫城用柴火围起来，想要来个舍生取义。

可惜，没下得去手……

最终这位艺术家还是收拾收拾去了开封，安心当了三年多的俘虏，这是后话了。

不过说起来也真得感谢他没下得去这个手，他的词作在被俘前后的风格和水平迥异，很多传世名篇都是当了俘虏之后才写出来的，如果没有这场经历，估计连艺术家的名头也废了。看起来再怎么为赋新词强说愁，也终究比不上真的碰上一两件让人犯愁的事。

就是这些政权，在从公元964年到974年的十年间，被老赵一一收服，南方自此一统，成了支持老赵北伐的稳定粮仓和兵员站。

这就是老赵面临的第二个威胁，也被顺利解除。

只剩下第三座大山了，就是燕云边患的威胁。

统一南方这年，老赵刚刚四十七岁，正值年富力强。面对国内一片大好形势，他踌躇满志，集全国之力筹备北伐，准备五年内解决燕云边患。

这里需要作一下解释。收拾完李煜之后，在长城以南的范围里就只剩下北方最后一个割据政权——北汉国了，而且这个政权看起来跟南方七个政权并没有本质上的区别，那么，凭什么它能单独成为一座大山呢？

其实问题的核心并不在北汉，而在北汉背后的主子契丹，也就是后来的大辽国。

如果契丹只是一个普通的北方游牧政权也就罢了，它能成为边患的关键点，在于它的手里攥着关系中原政权生存命脉的一块地方——燕云十六州。而在它之前，很少有游牧政权能把这块要命的地方攥在手里。

什么地方会这么重要？那一定是很大一块地方，或者是很有钱的一块地方吧？

抱歉，还真的都不是。

这块地方不算大，与中原大地相比也没有太多的人口，但是因为它的位置和地形实在太重要了，以至于成了中原王朝防御游牧民族的咽喉要地。

如果在地图上大概地做个定位，它基本上就相当于今天的大同、张家口、承德三个市连起来的这么一长条，再加上北京及其周边，正好是长城防线上守卫农耕区至关重要的一段门户。

历史上，它就像一道护卫中原的天然屏障，只要这一段屏障牢牢掌握在中原王朝手里，凭借燕山山脉的艰险和长城的高峻，就能很大程度上把游牧民族挡在关外。

不管怎么说，站在燕山山顶的城墙上守关，总比在华北平原上正面迎击敌人骑兵冲锋的时候，压力要小上很多吧？

就是这么重要的一段门户，在几十年前被一个大罪人因为一己私利，生生地割给了契丹。

具体的细节这里不用作太多了解，大家只需要知道这个大罪人叫石敬瑭，是个特别没有底线的人，为了达到自己的目的，竟然理直气壮地对着比自己还小的人喊爹，而且还一直坚持不懈地喊了好多年，就行了。

想象一下，丢失了燕云十六州的结果，就像是自家城池的一座城门被敌人给占了，你不仅不能整个儿地把敌人拒之门外，相反，他们还能随时站在城门上居高临下地朝城里射箭扔石头，而且城外的骑兵顺着城门瞬间就能冲到你的眼皮子底下……

这完全就是一副国破家亡的既视感！

所以老赵一刻也不愿意耽搁，刚刚平定了南方，就迅速开始筹备北伐的事情。

只可惜，老天没有给他这个功德圆满的机会。

就在两年之后，北伐的准备工作还在继续，步伐还没有正式迈开，还不到五十岁的老赵，就在一场大醉之后毫无征兆地驾崩了。

驾崩本身没多大问题，再好的身子骨儿也有可能得病，问题在于他崩得实在太快了。

有多快呢？据史书记载，老赵白天还龙精虎猛的，晚上喝了场酒，躺下就不行了，天亮之前就崩了。

那这个酒是跟谁喝的？

他弟弟。

那么是他弟弟下了毒吗？

这就谁也说不准了。人都死了，剩下的事就只能听他弟弟怎么掰扯了。

反正你开心就好。

话说老赵就这样稀里糊涂地崩了，他的故事也就要随之结束了。在打发老赵去领盒饭之前，很有必要对他短暂却仁厚不已的一生总结上几句。

平心而论，老赵除了谋朝篡位这一件事情外，总体上算得上是个待人宽厚、言而有信的好人。在这一点上，史书里有很多的细节可以佐证，不管记录是真是假，至少是个侧面的参照。

比如，北汉的老国王曾经在他面前可怜兮兮地装孙子，他呵呵一笑说：你别紧张，我可以承诺先放你一马，等到你儿子即位的时候，我再带人去打你们。后来果真就没发兵打过这个老国王，而且果真一直等到他的儿子即位。

比如，叛军的头目故意把亲生儿子送过来演苦肉计，他回复说，你为什么非要以借我的手杀掉你儿子的方式来找出战借口呢，虎毒还不食子呢，你这样都下得去手，还算得上是个合格的父亲吗？于是又把儿子给他送了回去。

比如，南唐国主李煜被俘虏到开封，大臣们要按照惯例安排带有侮辱意味的献俘仪式，他却说，李煜以前一直都表现不错，总体上不算是个坏人，况且人家又是个文人，容易想得多，咱们还是给他留点面子吧。就给免了。

比如，吴越国王有一次冒险进京朝贺，几乎所有的臣下都劝他趁这个机会把人扣下来，然后就能很轻易地把吴越国一口吞掉。可是他呢？他说，我之前答应过人家，既然来了，就一定会放他回去，说过的话不能食言。然后就果真痛痛快快地把人给放走了。临走的时候，他还把这些奏折都坦坦荡荡地转交给了那个国王，一下子就把人家感动得稀里哗啦的。

还有一次，那个喜欢太监的刘铁在朝堂上饮酒，一不留神表现出了点哀伤情绪，老赵就赐酒一杯以示安慰。可刘铁想多了，以为那是杯毒酒，趴在地上哭得要死要活的。老赵见状哈哈一笑，端过来直接就倒进自己嘴里，当场把刘铁羞了个大红脸。

还有，还记得那些被解除兵权的老哥们儿吗？按照正常的逻辑，两三年之内必然从他们家里发现个龙袍啊巫蛊啊什么的，然后顺理成章地满门抄斩斩草除根。可老赵偏不这么干，我答应你了就是答应你了，你们就安心当土财主吧，只要我在世一天，就绝不搞背信弃义那一套。

结果那些人果真安安稳稳地当了一辈子土财主，稀里糊涂地走上了人生巅峰。

从这些细节可以看出，老赵应该算得上是一位难得一见的慈父仁君，至少是个与人为善、言而有信的谦谦君子。因为很显然，上面这些做法都不属于传统意义上的帝王权谋，而是掺杂了发自骨子里的仁厚之心，是很难装出来的。从遗传学的角度分析，宋朝后来的历代帝王能和士大夫之间始终保持一种温良恭俭让的政治关系，似乎也不是没有生理原因的。

而他弟弟就不一样了，这货和老赵同气连枝，总体上也不算是个坏人，但是偏偏口碑上就差了他哥哥一大截。

比如，老赵一直舍不得杀的刘铱、李煜和吴越国王，据说都是被他下毒干掉的。

这些事情在史书上当然不会记载，但这些人偏偏都是在他当皇帝的时候死的，而且死的时候都留下了很多容易被人诟病的疑点。就比如李煜和吴越国王，历史上有人评价说这两个人是有“天命”的，理由是他俩的出生和死亡都是同一天。可是仔细想想，两个人同为阶下囚，偏偏这么紧凑地都碰上了这种“巧事”，这合理吗？除非是有人在生日那天给他们送了“生日礼物”，而且眼睁睁地看着他们吃了下去……

至于老赵驾崩这次，他弟弟肯定也脱不了嫌疑，因为他在现场，而且只有他在现场，最关键的是，老赵死了之后他获利最大。要不然，依着老赵当时的身子骨儿，最后谁参加谁的追悼会那还真不一定呢。

所以有很多人认为，他应该是为了让自己赶紧当上皇帝，狠心在老赵的酒里下了毒。

这是靠推理得出来的结论，不一定准。还是那句话，你开心就好。

历史上对这个事有两种故弄玄虚的说法，都只是为了吸引人的眼球而已。

一种说法是他弟弟私带兵器入宫，用斧子劈死了老赵。

这样说的人简直就是没脑子。

要知道他弟弟做这一切事情的终极目的，就是能够名正言顺地即上位。就算是老赵身边的所有人都被他买通了，他再怎么傻，也不会选这么一个给众人留下口实的蠢法子。话说被一群人围观着弑君，终究心里会不踏实吧？

有人说，史书上似乎有隐指的线索，比如就有一句“帝引玉斧戳雪”，这好像就是现场有凶器的证据了。

可这就不光是没脑子了，还得加上没文化。

因为唐宋时期所指的玉斧是类似如意的一种玉器，要拿玉如意敲死人，还是老赵这么一个体格健壮的人，这难度实在有点大。

还有一种说法流传得比较广，说的是老赵当时没有合适的继承者，而且他们兄弟俩的老娘曾经告诫过他们，要搞兄终弟及，这样才能让政权巩固，不至于再出现类似后周那样寡母幼子被人夺权的惨剧。

可这也只是一家之言罢了。反正我是不信。

其实翻翻史书就可以知道，老赵驾崩时，他的两个儿子早已成年，根本不是老柴七岁的儿子可比的。至于老赵一直都没选储君，那多半不是因为想留着位置给弟弟，而是觉得自己正值壮年，考虑这事有点过早罢了。假如老赵没有死这么早，再把两个儿子培养上十年二十年的，哪儿还能有他弟弟半毛钱的事！

话说就在他弟弟坐稳了帝位之后，每天看着两个越长越大的大侄子在眼前晃来晃去，终究还是觉得心里不够踏实，于是就坚持不懈地每天从早到晚指着鼻子刁难他们，责骂他们。终于有一天，其中一个心理崩溃，抹脖子了。

另一个脸皮厚，怎么办？

下毒啊！

于是第二个也死了，跟他爹一样死得不明不白。

老赵的第二代直系传人就这样全给整没了，原本属于老赵一脉的帝王身份，自此转到了他弟弟一脉代代相承。

不过非常值得一提的是，天道冥冥自有定数。一百多年后，自他弟弟传下来的直系皇子皇孙，都被金兵在“靖康之乱”中劫了个干净，宋徽宗的儿子中只剩下一个康王赵构，也就是南宋的第一个皇帝宋高宗，在江南艰难立国。

可即便这样，老天也不愿意放过他，先是安排人把他吓得没了生育能力，再安排他唯一的孩子在一场动乱之中夭折，就如同是在故意报复他祖先犯下的某些错误一样，眼睁睁地把他也给整得绝了后。

没了亲生儿子，再加上自己的直系兄弟姐妹又都当了俘虏，宋高宗的胸怀一下子就宽广了许多，于是主动找了老赵的后代来当接班人。

很巧的是，北宋享国约一百五十年，传九帝，第一个是老赵，其他是他弟弟及其后代。南宋也享国约一百五十年，也传九帝，第一个是他弟弟的后代，其他的是老赵的后代。

天道如此，岂非命乎！

老赵的弟弟就这样成了宋朝的第二任皇帝，也就是宋太宗赵光义。他在位二十多年，说起来也算是文治武功颇有建树，可是前面咱们说过了，他非常不巧地碰上了一个更得人心的哥哥，所以在大家眼里，他就一直生活在老赵的阴影之下，甚至连流传下来的画像都画得相差不多，简直要彻底丢掉自己的存在感了。

包括他的名字也是这样。大家可以查查史书，宋太宗一开始是叫赵匡义的，后来老赵当了皇帝，为了回避哥哥的名讳，他就很自觉地改成了赵光义。

不过对很多人来说，“匡”和“光”、“胤”和“义”是分不太清楚的，后人乍一看这段历史，并不觉得这两个皇帝相比起来有什么特别明显的差别，而且说起来宋太祖、宋太宗这两个庙号也差别不大，所以大家也习惯上把他们俩放在一起看待，把哥俩在位的时期看作宋朝的初创和巩固阶段。

而事实上，宋太宗几乎全盘沿用了老赵的内外政策，成了一个呕心沥血的继承者、执行者。

比如北伐这事，哥哥虽然驾崩了，但宋太宗不敢有丝毫懈怠，甚至也学哥哥搞起了御驾亲征。

可是在一个关键问题上，哥俩的看法出了点分歧，那就是：北伐要先去伐谁？

这个时候的北方还是十几年前的那个组合，一个北汉，一个契丹。

按一般逻辑应该是先打弱的，宋太宗就是这么干的，而且事实上也确实打下来了。事情到此为止都还没有什么问题，可偏偏紧接着就出了问题，还是很大的问题。

那就是军队打累了，不愿意再去打契丹了。

这种事情就像打游戏，第一把就放大招的人肯定死得快。宋太宗不是不明白这个道理，他只是认为自己的大招不需要冷却时间……

其实北汉也不是泥捏的，说好打只是相对好打而已，要不然也不会一个只有半个山西省面积的小政权，却还能硬生生地盘踞那么长的时间，这说明背后肯定还是有客观原因的。

什么原因呢？

城墙就是一个很重要的原因。

说起来北汉的首都太原城，那在城墙界可是出了名的硬，据说墙上的夯土你拿着大铁锥都扎不进去。

这意味着什么？意味着你很难用抛石机之类的东西把城墙砸开缺口，意味着你只能靠士兵的血肉之躯去攀爬城墙。

想象一下，让你扛着梯子去爬高达几十米的城墙，头上有人对着你射箭、砸石头、泼热油，好不容易爬上去了，又兜胸砍过来一刀……

更要命的是，人家的护城河干脆就是汾河！

山西的朋友可能在这个问题上的概念更清晰一些，汾河，那可是黄河的第二大支流，山西省内的第一大河！你猜它会有多宽！

这个护城河带来的问题是，你根本没法用传统的办法越过它。

常规对付护城河的办法，是让士兵们扛着各种草包土块之类的东西，跑到护城河边上把它填满，然后再踩着新铺的路扛梯子过去。

可是汾河你怎么填满？

也就是说，你得先扛着梯子上船，过了汾河，才能到太原城的城墙底下，而在这个过程中，头上一直会有人对着你射箭、砸石头、泼热油……

这种难度下的攻城仗基本上是无解的。老赵在世的时候来了好几次都没打赢，而宋太宗也没好到哪里去，围着城折损了不少人马也没啥实质性进展。最后城池能拿下来，纯粹是因为城里人耗不起了，开城投降了。

说白了，宋军根本就没打进太原城里去。

可人家是投降，之前老大跟人家许好诺言了，所以尽管大家憋着一肚子火，也没法拿眼前的亡国之君和之前那帮对着自己射箭、砸石头、泼热油的孙子撒气。

不让整你们，那还不能整点别的给你们看吗？

气急了的宋军放火把太原城上上下下烧了个透，烧不了的再铲平，铲完了再把汾河水灌进来。

于是，太原城就在十几万宋军的集体发泄下消失了。

所以，我们今天所说的太原城实际上是宋太宗灭了北汉之后异地重建的，规模和质量与之前都不可同日而语。毕竟之前的太原城是一国之都，也当过大唐的龙兴之地，历经几百年不停的加固和经营，那个质量岂是宋朝重新设置的一个州府军镇可比的！

当然，这件事也是宋太宗同意的。但是对他来说，这显然不是一个聪明的决策。

毁了太原城，理由上无非是为了防止再出现类似的割据问题，可问题是，你紧接着下一步战略重心是要对北方的契丹用兵啊，有这样一座坚固到变态的北方边境城池，那该是多么重要的屏障啊！更何况，城池都已经变成自己的了，你还冲着它撒气干什么呢！

但是宋太宗偏偏就是这么干了。当时具体的决策细节已经很难考证，但是只从结果上去观察，这样做显然是得不偿失的。

这样做导致的一个直接后果是，一百多年之后，已经沦落成二流城池的太原城，拼尽全力也只挡住了金兵的第一次来犯。第二次南下时，金兵很顺利地就攻破了太原，然后直接挥师开封城下，把大宋的两位皇帝都给打包抓回了东北。

恐怕这就是命数吧！出来混，总是要还的。

试想如果还是之前那个固若金汤的太原城，肯定可以持续地牵制金国兵力，也会消耗掉金兵中更多的生力军，这样一来，估计北宋的开封城也就没那么容易被合围。

话说回来，在攻下太原城之后，宋军虽然还未伤及根本，但“大招”显然是已经放完了，军队整体上已经处于强弩之末的状态，上上下下都想着赶紧回家陪陪老婆孩子，谁也不想在这苦寒之地久待了。

可宋太宗偏偏不这么想，一瞅太原离北京也不算远了，就说干脆大家辛苦一下，加个班吧。

此言一出，就如同一声晴天霹雳，炸得众位将士内心一片焦灼不堪。

加班？说得轻巧！这次打太原，你去爬城墙了吗？你去挨石头砸了吗？要不是老子运气好，差点儿就给一箭射穿在城墙底下了。本来以为捡回一条命就该领赏回家过周末，你不发奖金也就罢了，居然还跟老子说要加班！加班？我呸！

可心里虽这样想，谁也不愿真的出头去担这怯战的名声，索性都憋着不说话。宋太宗一看这态度好啊，居然都没有反对的，那就早点出发吧。

于是这场涉及几十万人的加班运动就正式启动了，办公地点就在今天北京西直门外的高粱河附近。

关于加班的质量，大家都懂的，尤其是在面对一个需要全力应对的对手时，这样做简直就是在找死。

宋太宗毫无悬念地败给了加班，当然也还有其他原因，但这已经不重要了。总而言之，他是打了一个彻彻底底的大败仗，最后不得不靠着一辆驴车才捡回来一条命。

为了让他把这教训记得更深刻一些，老天还特意安排辽兵射了两支箭在他大腿上，据说箭头入骨，箭伤每年都会发作，而宋太宗最后的驾崩也是因为箭伤感染。

所以，加班真的有害健康！

这就是宋太宗组织的第一次征辽活动，给我们留下的深刻教训就是要尽量少加班，有空了多回家陪陪老婆孩子。

而关于这件事，事后有很多人评价宋太宗应该先征契丹，再伐北汉，理由是可以携平南之威，一鼓作气。而契丹既平，北汉则唾手可得。

而且这也是老赵所定的北伐战略，同时也是这哥俩分歧最大的地方。

这种论调听起来不无道理，但历史毕竟难以假设，况且战场上的时机瞬息万变，再正确的战略也保证不了百分之百的胜利。今天的我们埋怨宋太宗选择不当错失良机，也只不过是因为没办法对老赵的战略进行证伪罢了。

可惜的是，赵氏兄弟破除第三座大山的尝试就此告负，而终宋一朝三百余年，只在北宋灭亡前夕有过很丢脸的短暂“收复”，除此之外，燕云十六州始终把持在游牧民族的手里。

之后宋太宗还组织过第二次征辽活动，理所当然地也失败了。

契丹毕竟不是北汉那种小国，宋太宗仅仅凭借宋军的残破之势，又加上高粱河之败的心理阴影，很难真正越得过战略相持之间的那个平衡点。

这次战役值得一提的是两个很有名气的历史人物，一是潘美，二是杨业。对于这两个名字，看过《杨家将》的朋友应该会觉得眼熟。

没错，潘美就是大家很可能比较熟悉的潘仁美的原型，可在具体的情节上，却可谓是彻彻底底的颠倒黑白。潘美本人在历史上是一个很有德行也很有水平的统帅，在两代皇帝麾下屡立战功，声名远播。

而杨业当然指的就是《杨家将》中被潘仁美陷害最后撞碑而死的杨老令公杨继业，可撇开具体情节先不谈，人家根本就没叫过杨继业这个名字。

杨业的一生有过两个名字，一开始就叫杨业，在北汉的皇帝手底下做事。这老皇帝就是之前跟老赵装过孙子的那位，因为爱惜杨业的才华，将他收为义子，给他改了个名字叫刘继业，和自己的儿子刘继元同辈。后来赵光义收了刘继业，又给他改回了杨业。

至于杨继业这个名字，还真不知道是怎么传出来的，大概只在《杨家将》里存在过。

虽然名字是假的，但杨业老将军的壮烈事迹却基本上是真的，只不过最后害死他的另有其人，叫王侁（音同身），是当时潘美部队里的监军，而杨业是潘美的部将。

当时在征辽大军败局已定的情况下，老将军本来制定了一个稳扎稳打的撤退策略，可是这个王侁冷不丁地冒出一句“领数万精兵，而怯懦如此”，就把老将军活活逼上了绝路。

老将军不是小心眼，可他是北汉的降将，架不住别人说三道四，实在没办法了就只好拼死一战以证清白。话说当天老将军本已经拼尽全力杀回隘口，可还是这个王侁，擅自把原本安排在这里的几千伏兵提前撤走，导致老将军最终力竭被俘，而后绝食三日殉国。

这件事冤有头债有主，不知最后怎么怪到了潘美头上。他虽然也有错，但只是错在作为主帅没有坚持原则而已。

宋军中最能打的将帅都这般内斗，又怎么能奢望宋军整体上有更好的表现呢？

宋太宗两次征辽失败后，就再无能力也无信心组织更多的远征了。此后宋辽两国就进入十几年的战略相持阶段，谁也吃不掉对方，但无论谁有时间了，总想着要到对方的领土上去刷一刷存在感。

这种状态一直持续到宋太宗箭伤复发不治身亡的时候也没有任何的改变。历史显然已经抛弃了宋太宗，它在等待一个新皇帝和一个新节点，好把旧的时代了结，把新的时代开启。

宋真宗赵恒

第二章

使劲折腾的敬业演员

北宋　李公麟《临韦偃牧放图卷》(局部)　北京故宫博物院

公元1005年，这是宋真宗的景德二年。

宋真宗是宋太宗的儿子，宋朝的第三位皇帝。他在位二十五年，统治时期分为两个明显的阶段，第一阶段是和辽国打仗，第二阶段是给自己脸上贴金。

而这个分界线就是景德二年。

从这一年开始，宋朝的历史也整体地迈过了艰难困苦的初创时期，进入一个崭新的发展阶段。这一变化的顺利实现，为宋朝提供了其在历史上能够占据独一无二辉煌地位的关键要素：稳定。

总之，只要有稳定的环境，勤劳的中华民族就能创造出一切的可能。

但是，如果只靠着大宋的军队出去打拼，似乎还真挺不容易实现的。

因为纵观那些耳熟能详的重大战役，给大家留下的突出印象是：宋朝好像打谁都打不过，不是被迫和一堆杂七杂八的政权并立，就是被追得沿着战略纵深一路逃窜，连都城都被人给攻陷了好几次，实在是一种空前绝后的耻辱。

可一切特殊情况的出现都是有原因的。同样一个民族，在汉唐时期就能横扫西域漠北，到了宋朝怎么就毫无征兆地突然变得软弱了呢？

其实，这个疑问牵扯到两个不同角度的概念。

第一个概念，宋朝军队的战斗力并没有我们想象中的那么柔弱。

想想看，如果真的是完全不堪一击，那些盘踞南方半个多世纪的所谓“政权”，是怎么给统一的呢？要知道那可是凭实力说话的，而一旦打不赢就是要身死国灭的。这可不是在玩网络游戏，打输了还能马上组队再来一局。

或者再多想一步，关于宋朝的战争，除了被人归纳过的那么有限的几场之外，我们到底还真正了解多少？比如问一个最基础的问题：宋朝一共进行过多少场对外战争？如果连这个数字我们都回答不上来，那我们去评价宋朝军队的战斗力低下，底气又从何而来呢？

说到底，我们不能因为自己认知渠道的局限性，就肆意放纵头脑里的武断。

再者，要想准确描述一个历史对象的属性，前提是必须充分尊重它的时间跨度。从历史规律看，承平日久之后的军队战斗力，一般都会小于政权建立之初，而原因就在于“承平日久”这四个字上。所以，客观评价一个朝代的军队战斗力，应该自觉地带上具体的年代或者事件，如果直接拿三百年的时间跨度去作全流程评价，那完全就是在耍流氓了。

第二个概念，宋朝军队确实因为某些独特的因素而被削弱了战斗力。这一点是客观存在的，但它不是最根本的因素，充其量只是个影响因素。

什么独特因素呢？细细说起来有很多，但其中最让人诟病的一条，就是传说宋朝皇帝在实质上采用了“重文抑武”的用人策略。

简单地理解这种策略，那就是文臣比武臣的地位高，可以制约武臣。你在前线出生入死十几年，很可能还不如人家随便写一篇文章，人家骂你，你还得老老实实听着。

在这种状况下，你猜，还有多少优秀人才会脑子犯抽去拼命打仗？

而更重要的是，长此以往，优秀的人才都去选择当文官了，武将的人才队伍当中就会出现很明显的“马太效应”。

那么，是因为宋朝的皇帝脑子犯抽了，才想起要定这种制度吗？

这还真不是脑子抽不抽的问题，而是一个取舍的问题。

老赵哥俩都是在五代乱世里成长起来的皇帝，把乱世之所以乱的根源看得非常明白，那就是武将的权力太大了。这在前面说老赵的时候也提到了，以前的皇帝为了提高军队的战力和效率，把武将的权力无限制地放大了，结果导致阿猫阿狗都犯了皇帝瘾，谁都想瞅个机会登个基君临个天下什么的。

其实在那个年代，委派一两个节度使，表面上看并没多大隐患，因为毕竟皇帝让你管的只是军事，而且管的区域比较有限，一般也就是今天的几个市或者半个省的范围，再加上当地还有一堆地方官掣肘，你跟他们搞不好关系，没准儿你连粮饷都筹不齐，万一逼急了，人家还能背后参你一本告你个黑状啥的。

但问题恰恰就出在这里，这跟皇帝们遇到的尴尬是一样一样的。那个时候交通不便利，从西安把你派到北京，基本上就算是对你失去控制了，哪怕搞个五百里加急的消息，也得好几天才能到，那么你猜猜看，当你发现老板长时间不在身边看着你的时候，内心深处最先冒出来的想法是什么？

而且更要命的是，有一天你会突然发现，那些总是惹你生气的地方官其实就是个空架子，你只要派一百个大头兵到他衙门口出个操，就能把他吓得屁滚尿流的。

你有本事就告我去啊，我让你的信使连门也出不去！什么，信鸽？埋汰我的人不会射箭是不是？想给我炖碗鸽子汤补补气是不是？

我去！原来我才是这个片区的老大呀！

这是必然会得出的结论，根本没有偶然性什么事儿。

所以，当一个人成了节度使，实质上就直接获得了对这个地区的统治权，包括行政、军事、司法等等，都是他说了算，而且几年、十几年甚至几十年都不换人。

你说你这不是逼着人家割据吗！

所以在宋朝之前，军阀割据这种事就跟家常便饭一样，要是哪个地方没出几个扛把子，说出去都觉得是因为自己不够争气。

那怎么解决呢？

也好办，削权呗！

你先乖乖把兵权交出来，从此以后你的职责就是指挥打仗，至于兵有多少、兵在哪里、装备怎么样、吃得好不好、心情是否愉悦、军装帅不帅，这都是该皇帝管的事，跟你没关系。

这还不算完，老赵还非常关心大家的身体健康和家庭生活质量。

比如，现在有没有工作压力太大，感觉身体被掏空？

是不是经常凌晨三点的时候，一个人看夜景？

是不是在静下来点支烟的时候，深感自己没有尽到一个好父亲的责任？

好啦好啦，朝廷是非常体恤你们的。这样吧，我给你们多招点人，大家伙分着干不就行了。

比如原来一个人干的事，现在分成三个人干、四个人干。还不够？那就再分，总之要分到你们只凭一个人啥事都干不成了为止。

这样就完了吗？当然没有！分权只是第一步，还有第二步呢。你不是管军队吗？好，现在告诉你，你在这个城管军队的时间是固定的，一年之后，你就得调到另一个城去。对不起，不是调到隔壁那个城，是五百里外或者一千里外的某个城。什么，那个城的军官调哪儿去？你管那么多干什么，反正不是和你对调！

这就是老赵发明的“更戍法”，目的是让将领和军队之间无法形成固定的从属关系。在你还没来得及把军队带熟的时候，一纸调令下来你就得立马滚蛋，而且滚到哪儿去都是随机的，你也没法提前准备。

这样做基本上就是把军官当贼一样防着了，但是也没办法，谁让皇帝对带兵的没好感，看哪个都像要造反的样子呢！

其实不只是皇帝对武将不够信任，在当时大宋朝的主流价值观里，当兵似乎也不是什么值得尊敬的高尚职业，至少不会是人生的第一选择。

为什么呢？

说白了，以前朝代的官府都要求你服兵役尽义务，理由是保家卫国，总体上还站在了道义的制高点上，显得高大上一些。而宋朝不一样，宋朝有钱啊，干脆花钱招人当兵，建立了一支类似于雇佣军的常规部队。这样一来，当兵打仗的目的就是赚银子，而不是保家卫国了，这就更加被宋朝的主流价值观所鄙视，军队之中的“马太效应”也就更明显了。

所以，尽管相对于前朝而言，大宋军队本身的战斗力并没有出现质的倒退，但就是由于大宋皇帝们的这些政策和措施，导致原本一支虎狼之师的底子，硬是给打了个对折还不止。

军队被折腾成了这个样子，难道皇帝看不出来吗？

看得出来，但是皇帝不愿意改。

你想一想，即便是被外虏欺负，割个地称个臣赔个款啥的，都还只是身外之物，自己还能好好地在皇帝位子上坐着。但是，如果哪个军官坐大了，那可是要撸自己下台的啊！怎么，忘了咱大宋朝是怎么建立的吗？

所以说，最后只能两害相较取其轻，作个取舍了。

也正是因为这个原因，大宋和大辽从宋太宗第二次征辽之后就一直打来打去。但是，即便是大宋占了天时地利人和，也死活干不掉人家孤军深入的一支偏师。而大辽更惨，这边攻个城，那边丢个城，这边杀敌八千，那边被砍一万，反正就是谁也吃不掉谁。两家从979年开始打，一直打到1004年，终于都打疲了。

打疲了就坐下来喝杯咖啡谈谈生意吧，看看你求的啥，我求的啥，能不能调和一下。

大辽说，你别老急赤白脸地跟这儿瞎白活，敞亮点儿，俺以后不削你了，你能给俺多少钱？

大宋说，咦——你这是弄啥咧，缺钱你倒是说一声啊，俺这儿缺兵缺马就是不缺钱！

这下行了，共同点找到了。

于是大家签了一个协议，大意是咱俩是好邻居好兄弟，你和我，我和你，我们共住地球村。不过呢，我宋真宗大你辽圣宗两岁，你叫我一声哥，然后为了表达我当哥哥的诚意，我每年送你绢二十万

四、银十万两当礼物，可好？

于是这个世界彻底安静了，这一下就安静了一百多年！

扭头再看看签约的地点，在澶州，那就叫“澶渊之盟”吧，省得大伙忘了，一千年后还有人得拿这个东西考试呢！

澶渊之盟可以说是一个划时代的协议，它的可贵之处在于，在这样一个较长的历史时期之内，有效保证了两国之间的和平友好相处，使得大家的精力和资源都能更多地投入到促进自身发展和提高人民幸福感之中去。最可贵的地方在于，一个协议被执行了一百多年，还能基本保证不变样。

甚至在一定程度上可以说，大宋朝之后的繁荣就是由这一纸协议奠定的。

有人说，宋朝不是赔钱了吗？这就吃亏了啊！

其实仔细算算，相比较而言，宋朝非但不吃亏，还赚大了。

在过去二十多年互相打来打去的时间里，整个大宋朝都没有消停过。开封以北的地区成了战区，开封以南的地区成了军队的长期供养基地，而这种战争的消耗是非常惊人的。

对于这种区别，只要作个简单的对比就可以理解。和平了，宋朝每年只需要送出三十万岁币，可如果开战，每年的各种花费不会少于这个数字的十倍。

也就是说，宋朝光军费一项就可以省出比赔款多得多的银子。

关键这些资源还可以继续投入扩大再生产呢！

所以说，整个大宋朝就是一个造钱的机器，你只要让它造钱，就比让它干其他任何事情都划算。

当然，这并不是说只要不打仗了宋朝就不用养兵了，就可以省下来那 90% 的钱。账不是可以这么简单计算的，因为即便签了协议，宋朝也不会为了省钱而解散所有的军队，那几十万禁军还得一如既往地养着，只不过和平时期的养兵和战争时期的养兵，在花费上是完全不一样的。

而大辽对这个结果也觉得挺满意，因为每年啥都不干就能白得三十万岁币，而且是定期持续供应，简直就是一片旱涝保收的“铁庄稼”。凭着这些财物，大辽的当政者就可以哄得下面的各级贵族团团转。

况且辽圣宗，当然还有他的母亲萧太后——这也是个评书故事当中的著名人物，篇幅原因就不多展开了——也不希望一直打仗，因为一打仗就必须依赖下面的这些贵族，就会给他们篡权夺政带来可乘之机，所以辽国的统治集团也普遍愿意与宋朝签和平协议。

因此，澶渊之盟的出现，可以说是完全顺应了宋辽两国的发展大势，说它是一个划时代的协议，一点也不为过。

那么，这么好的协议会有反对的人吗？

当然有，宋朝的那些士大夫就反对。他们说，双方许为兄弟之国，看起来宋真宗年龄大还占了便宜，可实际上这样做相当于承认了辽国和大宋的平等地位，这与儒家一贯的“天朝上国”“率土之滨，莫非王臣”的说法就背道而驰了。

腐儒们摆起道理来逻辑严密、铿锵有力，只可惜眼界太窄，看不清大势。

好在宋真宗没有这么迂腐，他知道和平对巩固政权来说，远比那一两句口舌之争要有价值得多，所以不仅批准了协议，还在第二年萧太后寿诞之时遣使送去贺礼，在国书中称辽国为“北朝”，称自己为“南朝”，给足了辽国君臣面子。

这样做的结果是，双方立刻好得就像亲戚那样，有事没事都开始串起门子来了。据统计，一百年的时间里，双方的正式互访就达三百八十多次，平均一年四次。

好得就跟从来没打过仗一样。

据记载，辽国边境受灾的时候，宋朝官员会主动到边界线进行赈济。辽国在科举取士的时候，会自觉回避宋朝皇帝的名讳。宋真宗驾崩的时候，辽圣宗“集蕃汉大臣举哀，后妃以下皆为沾涕”。

让今天的人看了都忍不住感慨：

这些居然都是真的！

所以，宋朝的辉煌也不是天上掉下来的，除了劳动人民的勤奋勇敢，签订澶渊之盟也是一个至关重要的原因，可以说是宋辽双方实现共赢的最好结局！

而宋真宗也以这种方式完成了他执政生涯的第一个阶段，正式迈入了第二个，也是不那么被人待见的阶段。

甚至有人说，如果宋真宗在公元1005年突然驾崩了，他就足以称为一代明君。

宋真宗执政的第二个阶段基本上都是围绕着一件荒唐事展开的。

故事还是要从之前的澶渊之盟说起。

话说宋真宗本身并没有天生的雄才大略，他只不过是养在王府里的一个普通皇子，所以对打仗这种事情并没有天然的免疫力。当辽国突然间举大兵压境而来的时候，他的第一反应居然是：我应该往哪里跑？

本来是一道战与和的判断题，被他活生生做成是逃去江南还是西蜀的选择题。

好在这个时候朝堂里有一个倔老头拦住了他，这个老头叫寇准。

其实寇准是陕西人，不知道为什么给传成了爱喝醋的山西人。不过这个细节不重要，重要的是他不仅拦住了皇帝的逃窜，还几句话连哄带吓地把皇帝忽悠到了最前线的澶州。到了澶州还不算完，因为辽军正在攻打澶州北城，他又连推带拉地把皇帝忽悠到了北城的城楼上面，直接暴露在辽军的视野当中。

于是这件事就变得很拉风了。本来是刀剑如雨你死我活的最前线，突然之间悄没声地出现了大宋皇帝的銮舆，那种激励感简直不要太好哦！

史书记载，当时的情景是“诸军皆呼万岁，声闻数十里，气势百倍”。

可以说，宋朝最后能以三十万岁币的微弱代价换来辽国撤兵，和宋真宗这次亲临前线的激励，以及因为激励而产生的一系列战果都有着密切的关联。

据说因为皇帝亲临前线，宋军士气大振，还当场射杀了辽国的一名高级将领，逼得辽国不得不接受宋朝提出的价码。

但是也正是这个细节，成了政敌攻击寇准的绝好把柄。

本来协议签完之后，宋真宗个人感觉还挺好的，觉得寇准这人还算不错，只花了三十万岁币就办成了这么一件大事，值得信赖。

可很多话都是可以两头说的，同样一件事，换个人说，可能味道就完全不一样了。

比如，寇准的一个政敌有一天就跟宋真宗聊起这事儿，看似不经意地来了句：寇准那厮把您忽悠到了前线，签下的纯粹就是一纸城下之盟。寇准就像是一个赌红了眼的赌徒，而您就是他手里那把孤注一掷的赌注。试想，万一那天辽军突然破城而入，那后果……

那意思是，如果稍有闪失，北宋就可以提前变南宋了。

宋真宗天生胆小，顿时被吓出一身冷汗，回头想想好像还真就是这么回事。闹了半天，自己差一点就闯进鬼门关了，被人给卖了一回，居然还搞得挺开心的。

那股子怨气就这么自然而然地被激发出来了。

因为这件事，寇准很快就被小心眼儿的宋真宗给贬到外地去了，之后的人生中再也没留下任何让人难忘的故事。

寇准虽然被贬出去了，可宋真宗的心头还是笼罩着一股浓浓的被人卖过一回的痛感，总觉得自己批准澶渊之盟是丢了祖宗的大脸，一定得想办法找补回来才行。

怎么找补？撕了协议再开打？

他可没那个胆子。

那就只能给自己编个美好的故事了，总之得让下面的臣民都相信，他们的皇帝没有给他们丢脸，而是受上天的委托在执行天意。

于是还是那个寇准的政敌，一看机会来了，就给宋真宗出了个很馊的主意。他说，你可以搞一次泰山封禅大典啊，让普天之下都觉得你是天命眷顾之人，那自然就能把面子挣回来了。

可是有一条，历代君主搞泰山封禅都得有一个前提条件，那就是天降祥瑞。

宋真宗一听就苦了脸：祥瑞哪儿那么好降！

可这货说，没事，老天不降，咱们自己搞，花点钱就可以了。

而且，你以为以前的那些祥瑞都是真的吗……

这一下宋真宗来兴致了。原来天降祥瑞这么简单啊，那咱就搞呗！还等啥呢！

据史书记载，有一天宋真宗一觉醒来，突然就发神经似的把所有大臣都叫了来，神经兮兮地说他梦见有神人启示，近期本朝将有天书送达，让他注意查收。

这边话音刚落，外面就有人来报，说在皇城的城门楼子上发现了一卷黄绢。

可见这心情已经是急迫之至，连装模作样地等上个两三天都不愿意。

于是君臣们一起开开心心地去收快递……啊不，收天书。

黄绢呈上来，宋真宗很熟练地展开读给大家听：

“赵受命，兴于宋，付于恒，居其器，守于正。世七百,九九定。”

大臣们都是饱读诗书之人，当然心领神会。好啊，原来您老人家喜欢这一套啊，早说嘛！真是的，还搞什么天书不天书的，吓得人家小心脏扑通扑通地跳！

于是接下来的一切就都顺理成章了。很快，各地的各种人造祥瑞纷纷出炉，大家充分发挥各自的想象力和创造力，万众一心地想要帮助皇帝演好这场封禅大戏。

为了营造气氛，宋真宗还专门把年号都给改了，叫“大中祥符”，属于历史上非常罕见的几个四字年号之一，就是为了表达他此时的兴奋心情。

很快，开封城里就出现了几千人规模的集体请愿，要求皇帝顺应天意到泰山封禅。

宋真宗一开始还假意推托了一下，虽然心里爽得不行，但还是要装样子谦虚几句。当然了，他内心里非常赞赏这种善解人意的做法，所以在劝大家离开的时候给了不少封赏。

谁想这一给钱可糟了，后面的请愿就如雨后春笋般全都冒了出来，而且规模一次比一次大。宋真宗一看这群演费用实在是太高了，还是见好就收吧。你们不是让我封禅吗？我封就是了，大家伙都散了吧，走的时候自己去找剧务领一份盒饭。

于是就在这年的十月，宋真宗望眼欲穿的泰山封禅大典正式举行，山上山下一共有几万人参加仪式，前前后后几乎把国库掏了个干干净净。

去过泰山的朋友可以想象一下，农历十月份的泰山，山脚下是什么气温，山顶上又是什么气温……

所以这个故事还真心编得不容易呢！

其实花钱、折腾倒还在其次，关键是你编了这么个故事，究竟起到了什么作用？

从各方面史料的反映看，在当时参与的人和耳闻此事的人当中，有好多都是抱着看笑话的心理来对待的。这效果就像是皇帝的新装，每个人都在一本正经地做着自己不相信的事，但偏偏就是没人愿意说破它。

如果非要说起这件事的好处来，可能主要有两个。

一个是发展了泰山地区的旅游事业。据说今天泰山上的很多建筑，都是宋真宗那个时候的历史遗存。

想想还真是这样，不然的话，谁会发疯扛着砖头跑那上边盖一堆房子去！

而且宋真宗是中国历史上最后一位在泰山封禅的皇帝，之后的人要么是想明白了，要么是花不起这个钱了。

另一个就是震慑了辽国等周边邦国。

大宋的士大夫们不信，不代表其他政权的人也不信。那些人刚刚从奴隶社会甚至原始社会过渡过来，最信的就是这些神啊鬼啊的。他们眼睁睁地看着大宋朝屡降祥瑞，眼红得要死要活的，恨自己不争气，得不到上天的眷顾，连块刻了字的石头都挖不出来。

这就客观上形成了一种心理暗示：怪不得我们打不过大宋，原来人家是有上天保佑的。

那还打个屁啊！

所以说，辽国能这么虔诚地把澶渊之盟遵守了一百多年，估计其中多多少少也有这次泰山封禅的功劳。

其实泰山封禅这事说大也不算大，如果宋真宗能疯完这次就不玩了，安下心来搞经济建设，这也就是他执政史上的一条花絮而已，无伤大雅。可要命的是，可能因为演这种戏的感觉实在太好，人家玩上瘾了，后来甚至都有点儿走火入魔的味道。

这就让人很尴尬了，大家还怎么陪你一起愉快地玩耍呢？

说起来宋真宗在位期间的确做出不少政绩，可最终能让人记住的，也就是澶渊之盟和泰山封禅这两件事。在这一点上，他和他儿子宋仁宗的差距就很大了。

宋仁宗赵祯

第三章

宽人严己的老实孩子

北宋　崔白《寒雀图》 北京故宫博物院

宋仁宗是宋朝的第四位皇帝，也是在历史上很受争议的一位皇帝。争议的焦点在于：很多人认为他是仁者典范，因而可以称之为一代圣君；也有很多人认为，他不过是个宁可委屈自己也不愿委屈别人的老实人罢了。

宋仁宗在位四十二年，是宋朝十八个皇帝中在位最久的一个。在他的统治时期，大宋的经济、社会、文化等各方面都步入繁荣期，所以“繁荣”也就成了宋仁宗给历史留下的最鲜明印象。

繁荣有很多的表现形式。比如，粮食越种越多了，多到吃不完。

这主要得益于两个因素。

一是耕地越来越多了。

据《文献通考》卷四的《田赋考》记载，仅在宋太宗和宋真宗两代四十多年的时间里，全国在册的土地面积就增加了将近一倍，而且还在持续高速地增加着。

即便是算上战乱时期耕地抛荒复耕的因素，这个增长速度也是很惊人的，毕竟农耕区域的可耕地总量就是那些，在生产技术没有发生革命性变化的情况下，不太可能在短期内就出现倍增式的跨越。

那么，这种增长又是怎么做到的呢？

说起来也简单，就是把太阳能照射到的一切地方都修成耕地。

山区的，在山坡上修梯田。海边的，在沙淤地里修沙田。河边的，在河滩上修淤田。最后一看湖面那么大闲着也挺浪费的，干脆做上一堆木排浮在水面上，铺一层泥，修成架田。

官府对这种开垦也是支持的，因为田越多，收的税就越多。

二是种子质量越来越好了。

最有代表性的就是宋真宗时期引进的越南占城稻，这种稻子的特点就是生长期短、好养活，关键结的子还多。

所以当时苏州、湖州一带的粮食产量一下子实现了前所未有的猛增，“苏湖熟，天下足”就是那个时候喊出来的。

没办法，有粮食就是可以这么任性。

三是商业变得越来越发达了，而且一直发达到超出前人很多倍。

还记得中学课本里提到的我国最早的纸币“交子”吗？就是在这个时期出现的。

可你知道出现纸币意味着什么吗？意味着当时的商业已经繁荣到不用纸币就无法支撑下去的地步。换句话说，这个时期的商业发展水平已经超过了以往任何可以不用纸币的时期。

我们来做个简单的对比，就能把商业繁荣这件事看得更明白一些：在其他朝代，所谓的财政收入主要来自农业税，基本上也就是田赋。种田的多了，朝廷就富裕，一旦抛荒的多了，朝廷就有可能发不下来工资。

而宋朝就比较牛了，虽然人家的耕地已经算是比较多了，但这远远不是人家底气的全部。据统计，田赋在宋朝的财政收入中只占不到三成。

那其他七成多靠什么？

商业税啊！

政治清明，社会安定，粮食又多，还养出来一帮爱消费的文人骚客，那不得引着大家拼命地做生意赚钱啊！

更关键的是，人家宋朝还鼓励人民群众做生意。

在宋朝以前，做买卖是个不受人待见的行业，就算你钱再多，在统治者眼里你就是个不生产价值、只靠投机倒把骗钱的蛀虫。所以，以往历代的商人基本上都没什么政治地位，甚至是被官府打击的对象。比如，“重农抑商”这个词是不是就觉得很耳熟？

到了汉唐时期，做买卖的总算好过一些了，可在时间、地点、规模、行业等方面还是要受到很多限制。

比如唐代，那算是比较开放的时期了，可是偌大一个长安城，也只有两个很小的区域可以做生意，叫作东市和西市。我们经常说的“买东西”，很可能就是来源于这种憋屈的设计。

其实地方小倒也能忍，最不能忍的是人家也搞坐班制，天一黑，城门一关，东、西市也都下班了，甭管买什么东西，都给我等到明天早上再说。

你说我晚上在路边卖个麻辣烫？

对不起，城里宵禁！还别说你摆摊了，你夜里只要敢在坊外的路面上出现，巡逻的士兵就可以直接把你抓进去。

想吃夜宵又不会做？那饿死你活该！

而我们大宋就不一样了，它走的是全民商业化的路线，只要你缴税，只要你不干违法的事，其他都随你，你开心就好！

于是就活活地催生出一场全民下海的浪潮，广大人民对美好生活的向往，就是各种服务能力不断提升的根本动力。

甚至于在有些方面，宋朝的水平已经和我们今天都不相上下了。很有代表性的一条就是外卖，在这个领域，宋朝的开封城里除了没有网络点餐，其他的都不比今天做得差。

你问没有网络怎么点餐？

简单啊，门口有的是人愿意替你跑腿，而且这也成了一个专门的行业。

正因如此，才有人会说，如果宋朝的商业进程没有被打断，我国很可能在十四至十五世纪就会进入资本主义社会了。

就是在这样的商业背景下，宋朝皇帝一个个的都成了土豪。其实说起来宋朝皇帝是最败家的，干什么都习惯大手大脚，可没办法，人家败得起啊！

比如咱们的宋仁宗，一下就养了一百三十多万人的军队，其中直接隶属于中央的禁军就有八十多万。这么看来，《水浒传》里林冲的名号那还真不是虚指的，只不过是年代有点不太对，林冲那个年代估计已经没有这么多人了——虽然很可能当时账面上的数字还要更大。

关键是这些人不光要吃饭，还要拿工资的。前面提到过，因为人家搞的是募兵制，本身就是花钱养兵，不给够钱，才不会有人愿意来给你卖命。

但人家就是能给够钱，就是养得起这些兵，你看不惯也没用。

如果只是有粮食有钱，那宋朝顶多算个暴发户，还当不起“繁荣”二字，可人家还真的算是一个德智体美劳全面发展的好孩子，不光是有钱，科技、文化、政治，哪一个都没落下，直接就走在了当时的全球前列。

还记得中国古代的四大发明吗？没错，宋朝就用火了三个。

还记得中学教材里的唐宋八大家吗？没错，唐朝两个宋朝六个，而且我要告诉你的是，这六个全集中在宋仁宗时期。

至于政治，宋仁宗时期这方面也是一个颠覆性的存在。

大家平时看清宫戏看多了，可能会下意识地以为皇帝都是高高在上的权威，而底下的臣属都是一帮唯唯诺诺只会说“皇上圣明”的奴才。

而宋仁宗时期政治环境就很不一样。

哪里不一样呢？

作个不恰当的类比，宋仁宗多多少少都有点儿像公司里的董事长，而士大夫们都像是董事会里的成员，双方共同组成了“大宋朝公司”的领导层。大家和谐共治，为了同一个目标而共同努力。

什么目标？

那就是要保证赵家王朝千秋万代地统治下去。

可能有人会说，能不能千秋万代，那是宋仁宗自己的事，跟士大夫们有什么关系？

关键那个时候有很多人不这么看。

从当时的主流价值观出发，“天下”应该是“天下人”的天下，不是宋仁宗自己的天下。权力是“公器”而不是“私器”，是天下共有的，不是你宋仁宗独有的。

那宋仁宗算什么？

算国家的元首。

“国家元首”要多听“天下人”的意见。

那么，要怎么听“天下人”的意见呢？

那就是要听士大夫们的意见。

为什么这么说？

因为士大夫们是从“天下人”当中选拔出来的，那就是“天下人”的代表。

其实在此之前的那些逻辑总体上还算是务实的，也大概能够自圆其说，但最后这个结论就有点儿胡扯了。很显然，它应该是士大夫们自己得出的结论，属于偷换概念，当不得真。事实上，作者更愿意相信他们是“天下有钱人”的代表，而更为广泛的“天下人”，跟这些士大夫没有任何的直接关联。

但是不管怎么讲，即便是能与“天下有钱人”集团形成高度密切的捆绑关系，那也是一种很有意义的进步。

在以前的封建王朝，通常情况下，实际的既得利益者只局限在皇族本身，以及他们身边的某一部分利益集团，比如功臣、士族、外戚、宦官、军阀等，只有这些特定的群体才会期待着这个王朝能够千秋万代延续下去。而宋朝的这种政治格局，把皇族和士大夫阶层捆绑在了一起，又通过士大夫阶层的新陈代谢和文化传播等手段，最终把这个政权的有钱人——也基本上囊括了不断更新迭代的精英阶层——直接地捆绑在了一起。这样做的最终结果是，有越来越多的“天下人”都觉得大宋朝的存亡与自己利益攸关，也就都会自觉地为之去做点什么。

这可能也是本身并不算强势的宋朝能够一直延续三百多年，而且最终亡于外敌而非内乱的一个重要原因吧。

宋朝的政治整体上是这样一种模式，而这种“共治”的特征又在宋仁宗时期表现得尤为突出。

比如，他已经基本上习惯了自动执行大臣们“庭谏”的决议，非常自觉地给他们签字盖章，而绝不会轻易去搞否决。

因为他怕大臣们来质问他的时候，他拿不出应对的理由。

其实想一想这也挺搞笑的，他难道不知道自己作为皇帝，完全可以想怎么干就怎么干，如果有大臣敢放肆的话，就可以找人打他们屁股、砍他们脑袋吗？

他应该知道。可问题是他从骨子里就认为这是错的，所以万万不可以这么干。

这也就成了他“仁”的一个重要理由。

可是，如果这样做不是因为有某种政治上的考虑，那么说这是软弱，反而可能更贴切一些。

作为一个人治时代的君王，他与臣子相处的核心意义，是要实现对下的有效统驭，使他们集体服务于自己选定的发展目标。如果脱离了这个方向，那就是失职。

但宋仁宗的“仁”里好像并没有这个意义，他只是习惯性地在君王传统势力范围中一步步地退守，把权力的空间一点点地让给臣子们，并在这个过程当中赢得一个“仁”的空名而已。

好在这个传统势力的范围还足够大，可以容忍他一直这么后退下去。

这个问题的关键在于，他退让的目的是什么呢？是为了争取一部分力量，来共同实现某一个宏伟的目标吗？

好像还真不是。他就是为了个好名声。

那么对于这些既不需要付出什么政治代价，还能平白获得全新权力空间的士大夫来说，又怎么不会世代传颂宋仁宗的“仁德”呢！

现在坊间流传了很多关于他的段子，无一例外都是朝着这个方向去说的。

比如传说唐宋八大家之一的苏辙，曾经在考卷上无端诽谤宋仁宗“荒淫”，结果却被宋仁宗以“敢言”而直接录取。

如果这皇帝换成乾隆，恐怕唐宋八大家就要少上一位了。

比如传说四川有一个老秀才给成都太守献了一首诗，里面有“把断剑门烧栈阁，成都别是一乾坤”的句子，说白了就是劝他割据四川另立朝廷。可我们的宋仁宗听说了以后，非但没有诛他的九族，还体谅老秀才是急于入仕，反而给了个官做。

估计老秀才接这官帽时的心情也是战战兢兢不知其意的。如果这事的确是真的，那这个官也做得太刺激了！

还比如传说宋仁宗一次出游渴得不行，回头一看随从很显然没有准备水，却担心他会因此受责罚，就一直忍到回宫后才喝。

段子都写得挺好，也很鲜活，可是这对手握刀笔的士大夫来说实在太简单了。

话说回来。说白了，宋仁宗就是一个骨子里遵守规则、力求与人为善的好人，只不过恰巧生在了盛世帝王家。所以，一代圣君的名号并不适合他，他并不“英明”，只能算得上“仁厚”，仅此而已。

宋仁宗的时代，除了有繁荣的一面，也有战乱的一面，这些战乱从另一个角度反映了宋仁宗的所谓“仁德”，到底给大宋朝带来了什么样的“福利”。

战乱的集中体现就是大宋和西夏之间的战争。

西夏的位置就在今天的宁夏周边，以兴庆府为中心。兴庆府就是今天的银川市，所以西夏的主要势力范围，也就是被人们称为“塞上江南”的河套平原。

西夏是一个以单一民族为主体的割据政权。说白了，它就是一个叫“党项”的羌人分支，侥幸占了几个城池州府，后来慢慢壮大了而已。

这场战争的主角叫李元昊，是西夏国的所谓皇帝。他的脾性在历史上也是出了名的，关键在于有了同时期的宋仁宗作对比，那种形象就显得更加立体和鲜活了，因为两个人的性格几乎是截然相反的。

据历史记载，李元昊嗜杀、残暴、无信、多疑，反正是一大串这样那样不好的词。在这一点上其实不用过于在意，既然我们已经知道了宋仁宗比较受人待见，那么李元昊在史书中被贬成这个样子，也就很容易理解了。

在李元昊横空出世之前，西夏只能算得上大宋朝麾下的一个边远属国，人少地贫，要啥啥没有，只能靠着宋朝皇帝的赏赐勉强过活，连远在云南的段氏大理国都能甩它好几条街。因为这个原因，李元昊的爸爸坦然接受了大宋的册封，当上了西平王。

这里没写错，不是平西王，平西王是吴三桂。

其实大宋并不是不想把这里建成自己直接统治的郡县，毕竟再老实的藩王，也没有自己任命的官吏听话，但是问题在于，这片地方实在是太过荒芜了，不仅基层基础差得要命，还整天一群人打来打去的。虽说河套平原也是个挺有名的产粮区，而且出产的粮食不算少，但那也架不住一群小部落今天你抢明天我抢的。这对于刚刚建立政权还一心想要集中精力收复燕云十六州的大宋来讲，实在显得有些鸡肋。

所以，在几轮次的尝试失败之后，大宋的皇帝终于还是偷了个懒，学习了之前五代统治者的做法，任由当地的首领去搞自治了。反正只要他们口里尊我大宋为宗主国，让我能跟民众有个交代就行了。

当然了，李元昊的爸爸也不会白叫你宗主国，多少你得意思意思，不能让底下的兄弟都跟着喝西北风。

按照惯例，大宋每年都会“赏赐”给西平王不少的东西。而这种所谓的“赏赐”，其实就跟被抢差不了太多。

举个例子，某年某月，西夏派人给大宋进贡了三百头牛，宋朝皇帝大笔一挥，念西夏国主一片孝心，特赏十万贯。于是西夏使者屁颠屁颠地扛着十万贯钱回去了，这边皇帝再让人把三百头牛牵到市场上卖掉，折价成五百贯，收归国库，再把账做平……

就是这种亏到家的“赏赐”手法，双方都心知肚明，但是碍于某种面子，又不得不做。

李元昊的爸爸也精着呢，让他送牛、送羊都没问题，就是咬死了不肯送大宋最缺的马。

宋朝打仗最缺马。河套平原有的是好马，可我就是不给你。你张口要也行，我给你几百匹，但都是病瘦得要死的那种。

不过这里面好玩的是，李元昊的爸爸不仅当着大宋的西平王，还当着大辽的西平王，名号一模一样。

说起来这老爷子也够辛苦的，听说上国的使者来了，先得看清楚是哪边的使者，然后再翻出来对应的官服去迎接“赏赐”，万一不留神穿错了，那场面就比较尴尬了。毕竟要装着看不见对面的“敌国王爷”，那也是很需要演技的。

这种做法是典型的一稿多投，不过大家都觉得很正常，没人说你是大宋的王就不能同时是大辽的王，而且最关键的是，我就算不满意又能怎么样？我要是能灭了辽国我早去了，还会容你在这儿同时认两个爹？

所以，干脆装着看不见吧，只要不打仗就行，管你几个爹呢！

好在，辽国也是这么想的，特别是在大宋屡降祥瑞之后，它也开始变得越来越不自信了。

这就是西夏国在李元昊执政之前的生存之道，基本上就是在夹缝中两边讨好。

而李元昊的出现改变了这一切。

刚才说过了，李元昊是一个残忍冷酷的人，这和他的生存成长环境密切相关。

他所属的民族是一个在贫瘠恶劣环境中苦苦打拼的民族，他的年轻岁月是在和周边各种敌对势力的浴血厮杀中度过的，所以他所信奉的只可能是强权政治和铁血政治，头脑里绝没有一丝一毫关于“仁”的生长土壤。

这个特点表现在，他会不择手段来为自己争取利益，包括杀戮、欺骗、陷害等，而绝不会生出一丝一毫的心理负担。因为在他眼里，这一切都是为了生存，就像丛林法则一样，是天经地义的。

如果对这同时代的两个人做个不那么恰当的比喻的话，宋仁宗可以算是一条雍容华贵的牧羊犬，而李元昊则是一匹不折不扣的野狼。

但是，现在这条野狼要开始捕猎肥羊了。

为了能精准地咬到肉，他提前做了很多的准备。

比如，他花大价钱把宋仁宗遣送出宫的几百名宫女都买了回来。

这绝不是因为他贪图什么美色，而是想要从她们口里得到宋朝宫廷的底细，乃至一些政治和军事上的线索。

能想到从宫女的嘴里打探情报，可见这个人的魄力和谋略，绝对是经得起大考验的。

而宋仁宗绝对想不到，他出于勤俭节约这么单纯目的所做出的动作，竟然给敌人提供了如此便捷的情报渠道！

比如，他不停地向宋朝朝廷求和示弱，让大宋上下不仅没有发现他的狼子野心，反而因为怜悯党项族人生活清苦，追加赏赐了大量的钱帛和粮食。这些赏赐一转手，就变成了西夏将士们围剿宋军的军饷。

最重要的一个动作，还是他首次在全族范围内遴选整编了一支多达十几万人的机动部队，把全族的精锐战力都集中在了自己手中。

这就彻底改变了宋夏两国之间长期对峙的平衡。

其实，相对于一贯喜欢走规模庞大路线的宋朝军队来讲，十几万的敌人并不算什么，此时仅仅配置在宋夏边境的宋朝军队总数就超过了三十万。

只可惜人家是单量，宋朝这是总量。

宋朝的三十万军队被分散在漫长的宋夏边境防线上，分成五个各自独立的防御体系，大大小小一共一百多个城堡和边寨，每个据点上一千人到一万人不等。

以前即便西夏出现骚乱，最多的时候也就是几千乌合之众袭扰宋境边寨，说实话，那阵势说破天也只是一群会嗷嗷叫的土匪，连最小的寨子都很难攻破，所以宋朝把最小的边寨定编为一千人规模，也是出于对实战经验的总结。

但现在这种攻防平衡被李元昊悄然打破了。

十几万人的部队，如果不考虑外围战略支援的因素，只考虑一对一的单纯力量对比，那么无论宋朝的哪个据点都不可能真正抵挡得住。更何况这还是西夏国的精锐部队！

危险吧？可问题的关键就在这里，说起来也很可笑，从朝廷到边关，居然没有任何一个负责人发现了这个变化。大家仍然以为西夏还是那个西夏，所以在边防政策上没有做出任何实质性的调整。

而这就是逆袭的绝好时机！

公元1038年，西夏建国，李元昊公开称帝。

然后他强硬地给宋仁宗送去一封书信，大意就是我现在升格成皇帝了，和你平起平坐了，麻烦你点个确认。

大宋的朝堂毫无意外地沸腾了，各部门各单位的士大夫引经据典慷慨激昂地批判了李元昊的狼子野心，发表了一大堆批判文章，结论是请宋仁宗回信批驳这个请求，要求他收回帝号，认真反省。

还反省？人家根本就没等你的回信好不好！给你写信就是为了让你们开会的。你们这边开会，人家那边十几万生力军早就调动好了。

等士大夫们把情绪发泄完，这个事也就被束之高阁了，谁也没有真正因此而重视起来，大家想当然地以为这是李元昊这个人发烧烧糊涂了，在异想天开地做白日梦，所以只是下令边关加强戒备，谁也没想到真的会出事。

文官治世，最缺的就是一点江湖气。话说敌人都来投石问路了，居然没有人想到要去摸一摸敌人真正的底细，还以为敌人是在跟他们讲礼仪。

既然蠢到这个份儿上，那就只剩下挨揍的事了。

很快，边境有一座很小的寨子被西夏军队攻破了。

不过这个寨子实在太小了，所以那个前线主帅也想当然地认为这不过是个意外，就没有多想，随后按照经验派了一万多人的部队去收复失地。

这一万多人就几乎抽空了他的指挥所延州，也就是今天的延安周边的所有兵力。

但他不觉得会有什么问题，因为从经验看就应该这样做，以前类似的情况都是这样处理的，这一万多人足以处理好所有的问题。

所以他根本没派人去向别的城寨求救。

谁想主力刚走，很快又有一座寨子沦陷，主帅一听寨名就慌了。

这个寨子和之前的那个小寨子根本不是一个量级的，而且它的功能定位是延州的门户。能攻下这个寨子，说明敌人的力量肯定不一般啊！

关键是怎么会这么巧，主力刚派出去，这个至关重要的寨子就沦陷了，这感觉……怎么总觉得敌人是在下一盘大棋呢？难不成是想声东击西，攻陷延州……生擒我？

这还了得！赶紧别管什么收复失地的事了，主力部队赶紧给我回援！

于是这支可怜的主力部队忠实地执行了主帅的折腾战略，刚走到半路，又顶风冒雪地加班加点往城里赶。

而这正是李元昊的目的，他就是希望把宋军的主力引出城来，再来来回回地折腾得惨一点，最好累得连弓都拉不开了，然后就可以一口吃下去。而这个明显缺了江湖气的主帅，也非常忠实地执行了李元昊的战略意图，把自己的主力部队一步一步地送进了狼窝。

就在距离延州城还剩十几里的地方，这一万多人的宋军——其中主要是步兵——毫无意外地被李元昊的十几万骑兵包了饺子。

这里需要补充说明一下，在中国古代的战场上，骑兵对阵步兵是具有绝对优势的。

骑兵的核心优势主要有两点。

一是跑得快，也就是机动能力强，可以随时迂回包抄。想象一下曾经的蒙古帝国军队为什么那么厉害？就因为它几乎能随时出现在任何地方，在敌人还没做好准备的时候就朝他最薄弱的部位发起攻击。

二是集团冲锋的冲击力大。特别是冷兵器时代的重甲骑兵部队，如果能顺利发起集团冲锋，基本上没有什么别的军队可以抵挡得住。那效果就跟现代战争中的坦克集团军一样，绝对是一种摧枯拉朽般的存在。

所以，在冷兵器时代，谁能拥有一支可以发挥高度协调性的骑兵部队，基本上就占据了压倒性优势。

而在当时的宋、辽、夏三方，只有辽国和西夏能够建立起大规模的骑兵部队。原因很简单，他们都是游牧民族，建立骑兵部队，只不过是把民众当中的精锐力量挑出来再作集中训练而已，非常容易落实。

宋朝没有这种大规模的骑兵部队，原因也很简单，而且前面也提到过了，因为缺少马。这不是因为大宋养不起马，而是没合适的地方养。

在内地的平原上肯定是不能大规模养马的，因为你很难说服一个习惯于农耕文明的汉族人去把大片的耕地变成牧场，在他们的概念里，那叫抛荒。

而且就算你把一大片地方圈出来了，那也不是说养好就能养好的。养马是个技术活，绝不是“马驹 + 草 = 战马”这么简单。如果简单化处理，最后很可能费死了劲养出了所谓的十万匹马，最终合格能用的却只有一两千匹而已。

就算你连养马的技术也学会了，还有一关你是怎么也过不去的，那就是气候环境。因为你很难复制出跟它们的栖息地完全相同的环境。养在马厩里和养在大草原上的马，肯定是不一样的。古人讲南橘北枳，说的就是这个道理。

所以对中原王朝来说，除去遥远的蒙古草原不论，农耕区域周边最合适的而且能够成规模养马的区域只有一个，那就是河套平原。但是很不巧的是，现在这里正是西夏国的首都。

这样就导致了一种非常憋屈的结果，一种类似于丢失了燕云十六州的憋屈结果，那就是，无论是面对辽国还是西夏，宋军都只能是用步兵结阵去生扛对方骑兵的包抄和冲锋。

大家也许知道火药发明于唐，但兴盛于宋。可是大家有没有想过，为什么呢？

简单地解释，如果没有以火药为基础的各种火器的帮助，宋军的步兵方阵根本挡不住游牧民族的骑兵冲锋。是的，即便有所谓的弓弩也不行，因为很多时候骑兵的动作快到你根本来不及做出反应。

人类战争史上，在像马克沁机枪那样的速射型枪炮被发明出来之前，战场上如果只靠几轮次的弓弩抛射和平射，绝不可能全歼敌人的骑兵冲锋部队，因为你的射击速度和攻击面都摆在那里，是个死数，没办法作实质性的突破。比如敌人拿两万骑兵冲锋，你用弓弩一般只能干掉四分之一——那就已经是非常光辉的成绩了，而剩下的一万五千骑兵冲到你的阵地里，那就是摧枯拉朽，那就是所向披靡，你不服也不行。

所以说，火器的出现和快速发展跟之前所说的“交子”出现的原因一样，并不是宋朝人闲着没事发明了火器，而是因为如果没有火器就打不赢仗，也就活不下去了。虽然这个时候的火器跟马克沁机枪相比仍然是两个完全不同等次的概念，但是在当时，就已经属于非常先进的战斗武器了。

我们可以大胆地假设一下，如果当年的宋朝能够拥有燕云十六州的天险，再加上一支养在河套平原上的成规模的骑兵部队，估计宋军也不会有太多的动力去研发和装备那么多的火器，火药仍然只会被宋朝人主要地用于烟花爆竹的制作。

可是，即便是装备了火器，其效果也只能是在总体上勉强打个平手，各有胜负而已，谁也压不倒谁。这就是当时两军对阵的基本情况。

再把话题倒回来说，虽然这一万多从延州出发的边军也都是久经沙场的老兵，而且装备了充足的火器和弹药，但这并不意味着如此规模的宋军步兵就能拥有直接对抗十几万野战骑兵的可能性。因为不管怎么说，这个数量上的差距始终是客观存在的，而在此刻也就成了决定性的因素。

更何况这支部队已经被李元昊折腾得半死不活了，已经谈不上还有多少战斗力了。所以，包饺子的结果也就很容易猜到了。

仅仅一个晚上，城外的宋军就被李元昊杀了个干干净净。紧接着，他又把已经几乎是空城的延州围了七天七夜，把那个主帅也吓了个半死。

既然是空城了，为什么没有攻下来?

还是因为之前说的那个原因，这十几万部队都是骑兵，攻打个用篱笆围起来的小寨子还行，如果去打城高墙厚的州府，那是很吃亏的。

李元昊的思路非常清晰，我只有这么一支部队，也缺少宋军那样的攻城器械，所以消耗战我肯定不打。我的目标就是想尽一切办法把敌人骗出城来，然后发挥机动性的优势，尽可能多地消灭对方的有生力量。

从这个角度观察，李元昊也绝对算得上是一个打运动战的高手。

这边是运动战高手，那么对面呢?

对面是一群喜欢夸夸其谈又不愿意承担责任的文官士大夫。

前线兵败，朝堂上的第一反应却是相互推卸责任，讨论的最终结果是杀了几个侥幸逃回来的小军官，把兵败的黑锅扣到他们的头上，然后大家都松了一口气。

而且这口黑锅扣得那么的理直气壮：

就因为你们几个人临阵脱逃，才使得我军一万余人葬身虎口!

可怜那几个浑身是伤的小军官连个争辩的机会都没有。

这样做的结果看似皆大欢喜，却埋下了难以想象的祸根，因为失败的真相在这个过程中被有意或无意地掩盖了，没有人从这血的代价中看出教训，就更不用说能做出什么相应的改进了。

于是也就理所当然地有了第二场和第三场败仗，对方手法都一样，还是运动战，还是以消灭有生力量为目标，败仗的结果是又有几万宋军被阵前斩杀。

特别是第三场，李元昊差点儿从银川一路打进西安。其实这本来就是他的战略目标，如果真的实现了，他把关中平原一占，再东出潼关，那说不定北宋还要亡得更早一些。

直到这个时候，宋朝的士大夫们才想起来要搞清楚一件事，那就是到底是怎么样的一个敌人在跟他们打仗。调研的结果让他们瞠目结舌，原来对手竟然是一支这么大规模的野战骑兵！难怪可以一次性绞杀以万为单位的宋军部队！

所以这么看起来，之前派势单力薄的单支部队贸然进攻，还真的是一种草菅人命式的战略指挥！

这是谁的责任？

问题虽然提出来了，但是最终谁也没有为此而担责。对文人来讲，找个搪塞的理由还是比较容易的，而且死的又不是自己的儿女，只是那些拿钱打仗的普通军士，最多是多给点抚恤金而已，而且还是宋仁宗这个冤大头花钱，又不掏自己的腰包。

于是，宋仁宗再次给了士大夫们无限大的宽容，可怜的是，这种宽容竟是以国家的根本利益为代价的！

这是最让人想不明白的地方，如果国家的根本利益都能作为代价，那么宋仁宗苦心维护的"仁"，又能给大宋带来什么？

从这个角度看，他能算得上是个合格的君主吗？

宋夏战争的结果是，大宋朝三连败，但因为体量大，没有伤到元气。李元昊三连胜，却是打得力不从心了，主动跑来求和。

按说既然你求和了，就该作点让步了，但结果却是，李元昊在战争中没有得到的利益，几乎全在谈判中得到了。

这就像一只孤狼去袭击一群肥羊，费力咬死了一只却发现自己吞不下去也拖不走，这个时候牧羊犬说话了，你看你天天来抓羊怪累的，我的羊也天天因此饱受惊吓，干脆你回家等着吧，我每个月派人给你送羊肉过去。

傻子才不同意呢！

为什么会出现这样的结果呢？因为宋仁宗似乎比李元昊更着急要结束战争，他的理由非常高大上：担心边境的民众承受太多的战乱之苦。当然，这个民众不仅是指宋朝的，还包括西夏国的。

这场谈判中唯一一点看似胜利的地方，就是李元昊宣称废除了帝号，向大宋称臣，这个面子总算是挽回来一些。

可事实上呢，李元昊在西夏仍然完全按照自己的一套潇洒快活，把皇帝当得舒舒服服的。宋朝的使臣来送羊肉了，就安排在边境交割，根本就不让他们进首都。

这又是一个各取所需的结果，宋朝得到了面子和稳定，西夏得到了财富和时间，从表面看起来很像之前提过的澶渊之盟。但是，如果细细比较起来，二者又有很大的不同。

第一，宋辽之间是体量相当，谁都很难在短时间内吃掉对方，与其长时间对峙消耗，不如先各自扬长避短。而西夏举国之力不过一百多万人，这十几万的部队已经是它所能承受的极限了，如果继续拼消耗，不出十年，就能把它磨成一副空壳，然后一举击溃，彻底消除西夏边患。在这一点上，宋仁宗没有从李元昊主动求和这一行为上，清醒地对比和认识一下彼此的底线，过于轻易地做出了让步，让李元昊得到了喘息和坐大的时机。

第二，宋辽一旦开战，今天的整个河北地区都将成为前线，损伤的是农耕产业的精华区域，牵连较大。而宋夏边境多是汉胡杂居的荒凉区域，又有关中的地势天险，即便搞长时期的战略对峙，战火波及中原和江南的可能性也不大，所以只要战略部署得当，是完全拼得起的。相反，西夏国小民弱，又缺乏战略纵深，一旦开打就是全境皆战，战争对它的影响是全方位的，不可能有哪一块区域可以独善其身。

第三，如果对西夏的战略意图得以顺利实现，宋朝就能重新夺回河套这个重要的战争资源基地。即便辽国突然发难，最坏的结果也只会是对半分，可即便那样，大宋也获得了一种难以想象的战争潜力。因为以宋朝的财力，绝对可以借助河套地区的马匹，快速打造出一支比辽国强大许多的骑兵部队，到那个时候，宋朝的战略目标就不只是夺回燕云十六州的问题了，恐怕是真的要恢复汉唐盛世了。

相反，你在西夏还剩下最后一口气的时候偏偏选择放它一马，然后还坚持不懈地给它输血，这样等它缓过劲来，不回过头来再咬你一口才怪。

所以说，这个协议根本就是个不该出现的错误，其价值根本不能和澶渊之盟相提并论。

最后我们简要地总结一下宋仁宗这个人。

这个皇帝既因“仁”而得名，也因“仁”而误国。仁德本身是好的，但要分清楚对象。作为一个皇帝，对民众仁爱没有什么坏处，但是作为一个领导者，对手下仁慈到不愿意因过错而处罚他们，反而日益对他们让步纵容，就是软弱了。特别是作为一国之主，居然对敌人也不分原则地讲究仁德之心，甚至不惜葬送自己国家的利益，那就不仅是软弱，而且是愚蠢了。

所以，宋仁宗治下的大宋王朝，看似繁华富庶、国泰民安，实质上并不是一个真正的盛世，它的每一天都在向衰落滑动，直至不可收拾。还是那句话，之所以平静，是因为可以折腾的空间还比较大，还没有演化到质变的那一步。

宋英宗赵曙

宋神宗赵顼

宋哲宗赵煦

第四章

以一当万的必败之争

五代　荆浩《渔乐图卷》 美国大都会艺术博物馆

封建王朝的兴衰更迭从来都贯穿着一条可以眼见的有趣周期率，那就是以土地为代表的社会资源的分散与集中。这个过程所演绎的，就是王朝衰亡的量变与质变。

一般来说，在一个封建王朝初创时，经过战乱或者利益集团的更迭，绝大多数的土地都会和它原来的主人失去联系，而这些土地就会被新主人重新进行分配，成为新主人安居乐业的资本。

为什么说新主人会安居乐业？

因为这个时候人少、地多，每个人都能分到很多，不用担心不够用。如果实在嫌不够的话还可以随时再去开垦，反正有战乱就会有死人，抛荒的地有的是。

但是，随着时间的流逝，依靠这些土地生活的人会变得越来越多，而这些土地却因为各种各样的原因，越来越快地集中到少数人的手里。

于是矛盾爆发了，一批人和另一批人打起来了，打到最后，一批人消灭了另一批人，把他们的土地抢夺过来重新分配，人又少了，土地又多了，新主人又可以再过一段安居乐业的生活了。

这就是封建王朝改朝换代的内在驱动力，很野蛮，但是一直进行得很自然。虽然它实质上包括各种社会资源，但是在农耕文明的王朝里，它表现得最明显的就是土地的分散与集中。

形象地说，这个过程就像把一池冰打碎，再等待它结冰，然后再打碎，周而复始。

这个时候有人说，我不想按照这个周期率走下去，我想阻止这种内在驱动力的产生。这种人，在历史上被称为“改革家”。

不过可惜的是，在封建社会生产关系的逻辑当中，由于从根本上缺乏一种为全体成员谋利益的发展动力，决定了这些改革家不可能阻止这种天然的因生产资料集中而发生的社会关系固化，他们能做的所有努力，只是通过调整各方面的具体关系来稍作延缓，就像在水里加上一把盐，让它稍慢一点结冰而已。

对宋朝的历史来说，改革是一个非常突出的亮点，也绝对算得上是一个印象符号，甚至有人说，中国的十一世纪本质上就是一个改革的世纪。

这种改革瞄准的虽然是具体的事务，但本质上却是对社会关系的调整改良，目标是缓解当时已经趋于尖锐的封建社会矛盾。

可惜的是，这场改革最终没有成功，虽然它在当时足够惊世骇俗，但说到底，它仍然只是一次大胆的尝试而已，对延缓国家衰亡所起到的作用非常有限。

为什么会这样呢？

简单地说，因为这并不是一场一部分人与另一部分人所进行的利益协调，而只是一两个人与另一个庞大利益群体之间的艰难角力。换句话说，改革者并不是一个群体，而只是一个忧国忧民的文人，而且很关键的是，他把改革成功的希望完全寄托在最高统治者的耐心和毅力上面，而这种主观性的东西，永远不可能成为坚实的支撑基础。

在这一点上，它与清末出现的戊戌变法又是何其相似！

这场关于改革的著名探索从第四任皇帝宋仁宗时期就开始了，一直延续到宋英宗、宋神宗、宋哲宗，而其中最为有名的当然是宋神宗时期的王安石变法，这是改革运动的高潮。

这种探索的缘起当然不是因为谁吃饱了想找点事情消消食，而确实是为了解决一些比较实际的问题，而且在当时看来是非常非常迫切的问题。

是什么问题呢？

简单地说，就是本来还一派繁荣景象的大宋王朝突然之间没钱了！

看到这里，大家一定以为是作者自己搞糊涂了，前一章里不是刚说过宋朝家大业大经得起折腾吗？

那里并没有说错，如果横向对比其他朝代，宋朝确实是家大业大的土财主，可是家业再大，也经不起一大帮子人齐心协力经年累月地瞎折腾。

说他们齐心协力经年累月，指的是败家这件事并不是皇帝一个人的工作，虽然宋朝的很多皇帝在这件事情上都表现得很努力并且很有天分，但在实践当中还是需要不少帮手的。

谁是帮手？

首先就是那些文官士大夫。前面说过，因为以宋仁宗为代表的皇帝们对这些文官实在太优厚了，杀不敢杀，打不敢打，实在气急了也就是个流放，所以这帮人普遍都活得很长，作为一个群体，基本上呈现出只增不减的态势。

如果只是匀速增加倒也罢了，人家还增加得特别快。

这里还不得不提一下那个宋仁宗，他简直就是个录取通知书的复印机。

我们可以做一个简单的数据对比：唐朝近三百年的时间，共录取进士七千四百四十八人，平均每榜录取二十八人。宋朝前四任皇帝，也就是到宋仁宗这哥们儿这里，不过是一百年的光景，数字就达到七千八百九十六人，而宋仁宗一人就独占了四千五百六十一人，他平均每榜录取人数更达到惊人的三百五十一人，比唐朝高了十多倍。

这是什么概念？意味着只要你不要考得太差，就能被朝廷录取为官员。

然后呢？

然后就真的是一辈子衣食无忧了。

这可不是瞎说的，宋代的官俸额度在中国历史上绝对是一种傲视群雄的存在，虽说不能保证所有官员都做到锦衣玉食，至少养活一大家子人是不成问题的。

举个大家熟悉的例子，开封府尹包拯，据某些史料记载，他每年的年俸、爵禄等加在一起，总数可以达到两万贯钱左右。

两万贯是多少钱呢？现在谁也说不准，因为用今天的眼光去考察当时的物价，必须得有个相对稳定的参照物。什么东西才最稳定呢？有人说是大米，因为人总要吃饭的，这么多年以来，似乎中国人的平均饭量也没有什么颠覆性的改变。但是说实话，再稳定的东西都只是相对而言的，不可能做到绝对准确，所以我们的所有结论都只能是粗略估算出来的。

我们就简单粗暴地取一个学界估计的平均值，一贯铜钱等于今天的大概三百块人民币。那么两万贯就是六百万。六百万的年薪，听起来是不是比很多上市公司的高管还要霸气很多？

当然，包拯毕竟还是比较特殊的一个历史人物，或者是史料有可能对他特意地有所夸大，那么我们就来看一个一般官员，比如在当时首都开封生活的小官，他的收入又如何呢？

据记载，在宋仁宗时期，开封的下层官员互相请客，三四个人的那种小场合，去相当于今天北京的一个平民品牌饭店，而且是不要包间的那种档次，一般会花费一到两贯铜钱。

如果也按一贯铜钱三百块的比例折算，人均达到一两百块钱的消费，也属于很阔气了，完全可以上烤鸭而且不用打包鸭架子了。

虽然这些例子并不能非常准确地描述当时的情况，但总归是一种对比认识的视角。

话题再倒回来，士大夫们每人拿这么高的俸禄，再乘以一个庞大的官僚集团，那会是一笔什么样的支出？

想想都会觉得很可怕。

而且这还没完，朝廷需要支付的并不仅仅是通过科举录取的这部分人的俸禄，因为宋朝除了官，还有吏和役。

吏就类似于基层的事务官，像《水浒传》里的宋江就是吏。役就类似于勤务人员，衙门里打板子的、管犯人的，都属于役。我们经常说的“衙役”，指的就是这种人。

这些人虽然比科举官拿得少，但他们的数量更为庞大，所以费用的总量也是不少的。

除官、吏和役外，还有一个不得不重视的日益壮大的皇族队伍。这个就不多介绍了，生在皇家，天生就是要被养着的，历朝历代都一样，啥都不用操心。

以上这些，光想象一下都会觉得是个超大的负担。

不过可惜，这还只是宋朝那庞大财政预算的一小部分。

官员再多，也多不过另一个群体：军队。

前面说过，宋仁宗时期的军队已经有一百三十多万人，其中禁军就有八十多万。不管是不是事实上真有这么多兵，至少名单上是有的，那就都要靠朝廷养着。不仅要给粮食，还要给军饷，还要出钱买衣服、用具、军械，几乎就是要把这个人的一切吃穿住行全都包下来。这是宋朝财政支出的最大头，占了总额的五分之四。

而且这还没完呢。大家还记得宋真宗吗？他举全国之力搞的造神运动，花了一大笔钱不说，还顺带造了一堆宫殿，养起了一帮道人。更重要的是，上有所好下必甚焉，他一带头，各地官员也都跟着大兴土木，以及奉养所谓的仙家道人。这一下子，把国库里仅剩的几个钱也花了个精光。

所以到了宋仁宗的侄子宋英宗时期，大宋朝的财政就开始出现严重的赤字，国库里穷得能饿死老鼠，估计也就只剩下一堆账本了。

没钱了怎么办？这是从宋仁宗开始就在认真思考的问题，他也确实搞了一点实践，比如让那个写“先天下之忧而忧，后天下之乐而乐”的范仲淹牵头搞了一年的改革，希望能裁撤一些冗官，节约几个费用，但最后因为压力太大，改革很快就被中止，到头来什么问题都没有解决。

其实以宋仁宗一贯的脾性，他若是真的能解决得了这个问题，那才真是怪事呢！

这里需要补充解释一下，宋仁宗虽然以仁德出名，可是上天仍然不愿眷顾他，一个儿子都没给他留下来，所以最后继承皇位的是他的侄子宋英宗，这就是宋朝的第五位皇帝。

不过这个皇帝体弱多病，只干了四年就驾崩了，基本没有留下什么光辉的事迹。只有一件事值得多说一句，那就是他一直想把他死去的老爸追封为皇帝。当然了，这种惊世骇俗的想法在宋朝这种独特的体制背景下，尤其是在叔叔宋仁宗打下的“良好”政治基础之上，如果他干成了，那也算得上是一桩怪事了！

宋英宗的事情可以就此翻过了，历史的接力棒很快就传到了第六位皇帝宋神宗的手中，而他就是我们这一章的主角。他的生命里只让人记住了改革这一件事，其他的，就完完全全是乏善可陈了。

宋神宗即位时还是一个二十岁不到的血气方刚的小伙子，所以很有一番建功立业的梦想，比如灭掉西夏，比如夺回燕云十六州，比如打败辽国，等等。梦想很多，也很美，只可惜，这些激情在他打开国库的那一刻变得荡然无存。

当他突然发现自己实际上只是一个穷光蛋皇帝时，估计第一个冲动就是把管财政的官员拉过来剁吧剁吧喂狗。

可是很快他就发现需要剁吧的人实在是太多了。似乎朝堂上下、开封内外，到处都是打着饱嗝不干活的人。

小伙子很绝望，有心搞一次大型的整顿，却紧接着就发现，自己并不是一个想干什么就能干什么的人。

这一点和他之前的认知差别很大。难道我不是皇帝吗？

没错，你是皇帝，可不是你想干什么就能干什么。

那作为皇帝，我所畏惧的是什么呢？

是人心。士大夫们告诉他。

这一点好理解，但……你们这些脑满肠肥的家伙跟人心有什么关系？

我们就是人心！士大夫们坚定地说。

好吧，看来是没什么好聊的了。

年轻的宋神宗在这一刻彻底明白，他实现梦想的最大阻碍，就来自眼前这些官僚，以及他们所代表的那一坨庞大的既得利益群体。

说白了，先辈已经给这些人让出了太多的权力和空间，已经把他们养成一条庞大到畸形的寄生虫，在不停地抽吸着大宋王朝的血液。

那么，是时候要逼他们做出让步了。

这场斗争从小伙子登基的第三年正式开启，他异常坚定地站到四十多岁的王安石大叔的背后，告诉他：你大胆往前冲，有什么事我给你顶着。

平心而论，王安石是个忧国忧民的好人，但是当他真正做起事来的时候，很多情况下根本由不得他怎么想。

从根本上说，这是因为宋神宗选他变法，终极目的并不是要济世惠民，而是要让他充当自己开展政治博弈的打手，夺回本该属于皇帝的权力，然后再去做一些他认为应该由皇帝去做的事。这就决定了他们之间的矛盾迟早会爆发出来，而这些都是后话了。

关于这场改革的内容，还真的是有点看头的。总体上讲，王安石变法的目的非常单纯：只要是不合理的，就要改。

不合理的地方多了，可难得的是，他还真的整出了不少挺先进的设计。

比如，他觉得当时的教育制度不合理，因为只会背四书五经这些宏观性道德规范的人，不可能一上任就必然变成治国领军的良才，所以就要增加教育和选拔人才的实用性导向，目标是让专业的人才去专业的岗位。

比如，他觉得地方官员随意抽调民众服差役的惯例做法会影响正常的生产活动，就主张让民众交钱代替服役，把时间省下来干自己的事。

比如，他觉得市场上经常有大商人囤积居奇，就想着让政府出钱来搞宏观调控，设立类似于今天的国家金融管理机构的部门。

比如，他觉得老赵定下的“更戍法”让兵将互不相识，很容易造成战斗力下降，所以就作了一下微调，在一定的范围内相对固定地安排将领带兵，目的是让兵将之间的配合能变得更默契一些。

这些想法从内容上看，显然都是一心为公的，从中可以看出王安石为国为民的初衷，而且细细比较起来，有些措施的理念和现代的管理方式都很相似了，进步性不可谓不大。但是很可惜，这些措施都不是宋神宗最关心的。

他最关心什么？

当然是钱！只要是跟钱有关的措施他都关心，他最希望的是王安石能通过变法把钱财从那帮寄生虫嘴里挤出来，放回自己的口袋里。

王安石当然没有忽略这个主要矛盾，也的确设计和推出了很多暗地里指向既得利益群体的措施，不过这些措施一推行出来，就毫无意外地遇到了前所未有的阻力。

比如，按照惯例，农民在灾年时会向地主家借贷周转，来年收获时再还上。可重点在于，这种所谓的民间借贷实在太黑了，一般的利息都要 70% 左右，多的要翻上好几倍。农民还不上本息，就只能把手里的地交出去，这就是前面提到过的导致土地集中的原因之一，也是地主们敛财的一种通用手法。

针对这个问题，王安石的新法把借贷的主体换成了政府，把利息控制在 20%。这样一来，农民就都去找政府借贷了，地主的钱就没人借了。

那你说地主能答应吗？

不能答应，但又不能公开反对，那怎么办呢？

这里要先弄清楚所谓的地主主要是一些什么人。

简单地说主要是三类人，一是官员的家属，二是退休官员，三是跟官员有密切联系的人。

看明白了吧？他们就是宋朝士大夫官僚们背后的那一大坨既得利益群体。

你动了这部分人的“蛋糕”，他们当然要找自己的代理人出来说话了。

所以，在宋神宗看来，这个法推行下去的最大反应居然是民怨沸腾一片骂声，实在让人有点不可思议。

不过如果跳开他的认知角度来观察，这个现象就很好理解了，毕竟宋神宗的信息渠道是很有限的，老百姓的声音可不容易直接传到他耳朵里，那么大家想想，每天在他耳朵边叫嚷聒噪的又会是哪些人呢？

不仅如此，为了证明这种做法确实不好，地主们还会唆使一些人做一些“变通”。

你不是让政府贷款给民众吗？好，反正我执行你的命令就完了呗，你管我具体是怎么执行的！

于是，有的官员就不管你事实上需不需要，强制性地安排每个农户都贷款，而且必须一次性贷上很多很多，因为贷得越多利息就越多，这就等于把农民当成了提款机，在正常的缴税之外又加重了一层剥削。

这一下，民怨沸腾就变成真的了。当然了，这些黑锅最后全甩给了王安石和他的新法。

因为这些士大夫看得很清楚，这次虽然是宋神宗想要改革，而且之前已经把道理说得很足，也征求过大家的意见，他们肯定不好直接反对宋神宗的意思，但是却是可以反对王安石的，而且是有可能打倒的，那么干脆就通过集中力量打击王安石来间接地实现打击宋神宗信心的目的，力争让宋神宗改变主意。

所以，虽然王安石费尽心力设计了很多看上去很美好的改革措施，但真到了执行阶段，落实的情况则大体相同。

比如，新法要求定期丈量土地，以此作为收税的依据，目的是打击隐瞒土地的大地主。

而地主们的反击战也很有针对性。丈量土地？好啊，你量吧，那么多管丈量的人下去，你总不能保证每个人都是油盐不进的吧。那好，我拿钱收买一些人，量的时候不仅要保证我的利益，还故意在其他方面量错个百八十顷的，或者分等次的时候故意搞点儿猫儿腻，反正很多东西都是一张嘴说了算的，任你也找不出大错来。就这样凭空制造出一些矛盾，最后还是把锅甩给你。

还比如，新法规定禁军满五十岁就要退役，还要定期测试，不合格的随时淘汰。这个目的也很明显，是为了给朝廷省军费。

可你要先看看禁军里现在都是些什么人啊，能少得了这个侍郎那个御史的三表哥亲外甥小舅子之类的？裁撤他们，你猜谁最着急？

着急了也好办，鼓动那些被裁的人打架呗，闹事呗，然后就可以堂而皇之地上奏：裁军容易导致兵变，危害朝廷安全。顺带再讲几个兵变的历史故事，比如黄袍加身啥的，吓一吓年轻的宋神宗。

所以从整体上看，虽然宋神宗和王安石的二人组为这场变法做了很多的准备，包括理论、舆论等方方面面，但是在推行过程中依然遭遇了没有预料到的巨大阻力。

这个阻力从宋神宗口中再传导到王安石的身上，就足以让他感觉很难受了，因为他不是皇帝，所以退无可退，也躲无可躲。史书上记载，他曾经辞官，精神上几乎因此崩溃。

关于这个精神层面的变化，我们可以从他写的两首诗里体会到。

刚开始主持变法的时候，王安石落笔的风格是“不畏浮云遮望眼，自缘身在最高层”，一副春风得意的状态。但是就在几年之后，他的风格变成了“春风又绿江南岸，明月何时照我还”。

从中可以清晰地窥见王安石志气被世事销蚀的痕迹。

不过好在宋神宗这个小伙子的毅力还是比较大的，虽然暂时把王安石牺牲掉了，但是变法的频道却一直坚持了下来，这也算是给了王安石一个最基本的安慰。

客观地说，毕竟新法的基本方向是好的，而且既得利益群体不可能把所有执行层面的人都收买过去，所以坚持几年下来，改革的效果还是很有形地展现了出来。其中最大的效果就是国库里再一次堆满了金银，看得小伙子龙颜大悦。

可是利益的分配总归是总量平衡的，皇帝这边钱多了，那就意味着有一部分人的利益被实实在在地伤害了。在宋神宗看来，这部分利益本来就是皇家的，以前给你们给多了，现在皇家再把它拿回来而已，叫物归原主。

可士大夫们不这么看，也不可能这么看。

于是矛盾就这样产生了。

这种矛盾的影响非常深远，但是并不是我们这里想要论述的重点，所以挂起不提。

且说宋神宗终于得到了自己想要的钱财，于是信心满满地发动了对西夏的大规模战争。

可是，先排除其他各种偶然因素不说，和西夏之间的战争单是有钱就能赢下来的吗?

还是那些人，还是那些打仗的方法，还是那些生锈的制度，这些东西加起来守个边疆还行，只要一出城，就只能变成人家的活靶子。

没有解决根本层面的问题，就注定了所有的行动都只不过是一次简单的重复。

关于这场战争，唯一值得多写一笔的是死亡人数创下了历史新高，连带随军的民夫杂役，总共被西夏屠杀了五十多万。

小伙子悲痛欲绝，因为国库一下子又空了。打仗的消耗永远是惊人的，要不然祖上脑子被门挤了才会去签什么澶渊之盟。

除了进攻西夏，他还派兵收复了青海地区的大片土地，历史上称之为“熙河开边”。

据说这样做的目的是要对西夏形成战略包围，听起来还挺像那么回事的。

不过关于这件事的实际结果，却没有想象中那么美好。

因为当时青海地区的统治者本来就是宋朝对抗西夏的坚定同盟，

双方已经合作了好多年了。现在你脑子一热主动去把同盟赶走，名义上收了几千里边远高寒的土地，可你会治理吗？你在海拔三千米的山上种过地吗？

把同盟者赶跑了，自己又守不住地盘，最终会便宜谁？

所以说，除了变法这件事以外，宋神宗的事迹还真的是乏善可陈。

在恢复汉唐盛世的理想信念遭遇重大挫折之后，宋神宗就迅速变得一蹶不振，没过多久就驾鹤西去了，死的时候才三十几岁，绝对属于自己把自己给气死的。

随后他九岁的儿子即位，史称宋哲宗，是宋朝的第七位皇帝。

宋哲宗共在位十五年，和他爹一样英年早逝，死的时候也才二十四岁。他的统治时期也是泾渭分明的两个阶段。

第一阶段，他奶奶垂帘听政，委托大家比较熟悉的一个叫司马光的人，废除了王安石所有的新法。这是一次彻彻底底的废除，不管在实践当中有没有用，全数废除，代表士大夫阶层狠狠地发泄了一把。

第二阶段，八年后，他奶奶死了，小朋友亲政，岁数比他爹当年还小，却毅然决然地继承他爹的遗志，全面恢复新法，一下又把他奶奶翻过来的盘再翻了回去。

这一来一回看似简单，对政权基础来讲却是极大的折腾。因为不管哪一方上台，最热衷的活动就是挽起袖子打击政治敌人，也就是坚持不懈地搞党争。朝堂的环境也因此变得越发复杂，从之前更多的对事的关注，整体地转向了对人的关注。

换句话说，这个时候的大宋朝廷里已经没多少人安心做事了，人人都想着怎么拉帮结派，好在这个过程中确保自身的安全，进而谋取利益的最大化。

所以说，虽然王安石的变法确实在一定程度上起到了富国强兵的作用，但还有一个不容忽视的影响，就是直接导致了朝堂之上经久不息的党争现象。二者比较起来，很难说是利大于弊还是弊大于利。

但是变法这件事就只能这样稍显颓废地告一段落了。

关于王安石变法失败的原因，历史上一直有各种各样的争论。在作者看来，虽然原因很多，但最大的原因也是显而易见的，那就是没有把注意力放在团结人上面。

这并不是说宋神宗无道，而是说王安石没有掌握正确的改革方法。

要知道，他和皇帝一起发动的是一场针对一个庞大利益集团的艰难战斗，但是自始至终，他所能依靠的仅仅只是宋神宗的毅力和决心而已。而前面我们也已经提到，历史教训已经反复证明了，主观层面的东西是最靠不住的。

所以客观地说，他一直都只是一个人在战斗，举着看似正义的旗帜，向着一个庞大的士大夫集团，发动了死亡冲锋。

这种力量的对比，从一开始就注定了结局。

不过，这并不是说他就完全不能有所作为，如果他能在改革的时候多注意一下方式方法，可能效果上还可以乐观一些。

比如，如果他能暂时地抛弃偏于理想主义的奢望，对新法内容作一些细致的调整，用利益的手段在朝堂之上争取到更多官僚的支持，而不是独自面对整个官僚体系，可能效果就会好得多。

比如，如果他能把着眼点更多地放在直接受惠的民众身上，在自上而下的落实机制上再多下点功夫，避免出现一些执行层面的疏漏，就有可能争取到一部分底层群众的支持。假设这种支持用好了，其作用是不可想象的。

比如，如果他能注意循序渐进，不要急于把新法一口气抛出来，先从好改的改起，逐步积累和培养支持变法的氛围，可能效果也会不一样。

但是历史没有假设，这种事后诸葛亮的推测也只能是推测而已，事实究竟如何根本无法证伪，姑且一说。

更何况，王安石只是宋神宗为了实现自身政治目的而抛出的一颗棋子，他不可能摆脱得了这个身份，那么在推动一些事情的时候，可能也就身不由己了。

在作者看来，就变法这件事本身的结果来讲，实质上可以算是失败的，因为它没有真正起到打破周期率的效果。总体来看，宋神宗执政时期社会资源的集中趋势，并没有因为王安石的改革而发生多少可喜的变化。那么，既然主要矛盾都没有解决，至于其他的效果，最多也只能算是附加的彩头而已。

宋徽宗赵佶

第五章

无心败家的文艺青年

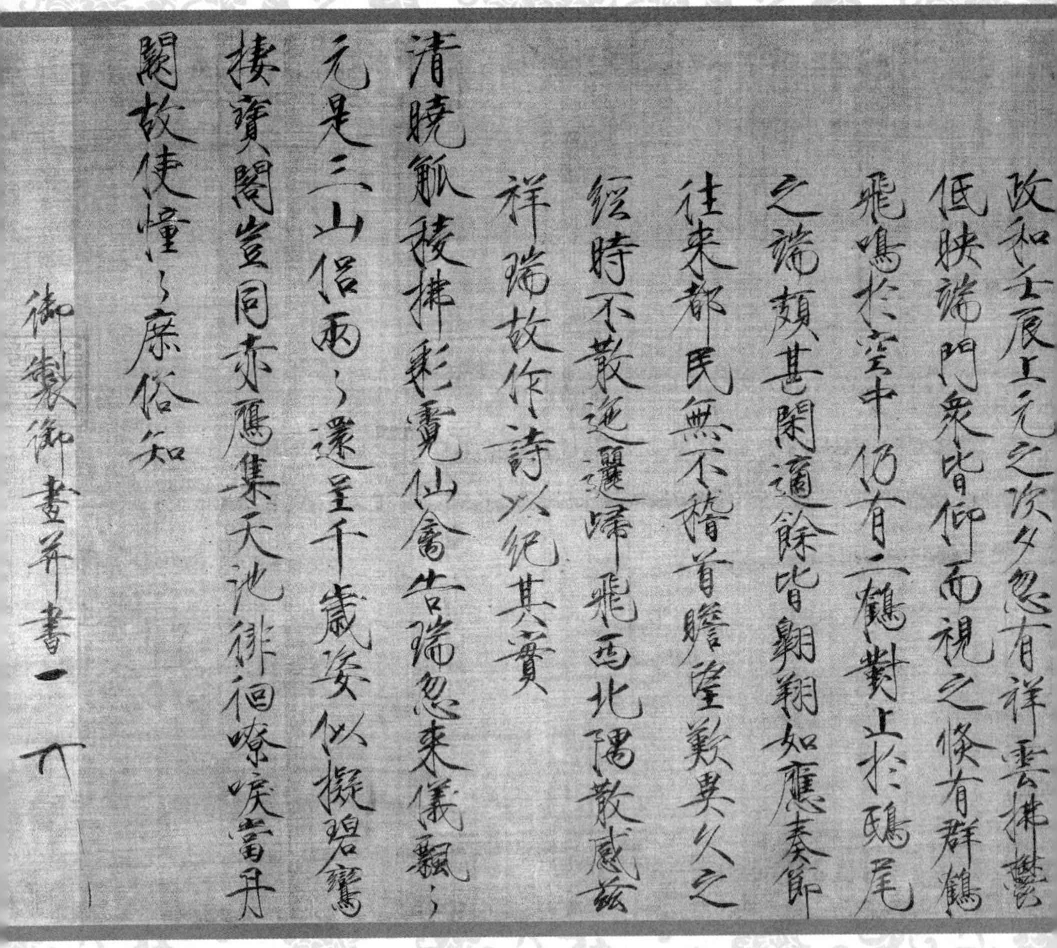

北宋　赵佶《瑞鹤图》　辽宁省博物馆

如果说起宋朝最有名的皇帝，可能之前列出的七位还都排不上位次。

要被老百姓关注，必须有适当的载体，而所谓的“史料记载”肯定是进入不了大众视野的，必须有精彩的演义来让老百姓口口相传。

比如：一部《水浒传》，让人记住了昏庸无道的宋徽宗；一部《岳飞传》，让人记住了软弱无能的宋高宗。

可类似的渠道都有一个共性，那就是对人物形象的刻画极为单薄。不信的话，大家可以问问自己，看完了《水浒传》，不管是书还是电视剧，你觉得宋徽宗是个什么样的人？

估计你只能记得起来那是个容易被奸臣蒙蔽的昏君，除此之外就再无其他了。

这个事不能怪作者，毕竟这部书里至少有一百零八个人的戏份要排在他的前面，而他的作用只是一块巨大的“背景板”而已。

那么今天，我们就专门用一章来着重说说这个宋徽宗，宋朝的第八位皇帝，帮助大家丰富一下这个老熟人的真实形象。

其实细说起来，真正的史实要远比小说的编排更为精彩。宋徽宗的戏份不需要搞太多的戏说和夸张，只需要简单排列一下就会很有看点。因为他是一个亡国之君，而且还生了一个亡国之君，更重要的是，他俩还是一起亡的国。

当然这属于高潮部分了，我们从头聊起，先看他的即位，那就起源于一个大大的偶然。

本来皇帝之位是不太可能轮到他的，因为他说到底只是一个普通王爷。普通王爷的意思基本上就等于深埋在后备厢里的备胎，虽然理论上随时有扶正的机会，但是这个“随时”到底是什么时间到来，以及到底会不会真的到来，那都不一定。更何况，他还是一个压得比较靠下的备胎，这就意味着如果他想当皇帝，就不仅要熬死九岁即位的那个宋哲宗，还要接着熬死所有排在前面的其他几位备胎才行，而这种概率基本上就是微乎其微了。所以，如果不出什么大的意外，他这辈子就要把备胎的事业安安稳稳地进行到底了。

可是这个大的意外居然还真的来了。

首先是宋哲宗非常给力，不仅去世得早，而且无后。这两把绝命牌，直接打得所有王爷都开始对人生充满了幻想。

可这只是完成了第一步，此时宋徽宗前面还排了另外两个兄弟，而且看起来身子骨都挺硬朗的，显然没有短时间内同时暴毙的可能。

但历史偏偏就是无巧不成书，就在大家面对面讨论到底应该由谁即位的时候，几个顾命大臣都讳莫如深，捻着胡子不说话，谁也不愿意先把底牌抖出来，可架不住其中一个大臣实在是太心急，直接把心里话给说出来了。

“我觉得应该选 A。”

其他人一看，我去！这哥们儿不按常理出牌啊，这是要抢拥戴之功啊！如果 A 真的即位了，那不就从头到尾只感谢他一个人了吗！

怎么办？

还能怎么办！那肯定不能让他得逞啊。

怎么才能不让他得逞呢？

咱们推举其他人啊，这拥戴之功不就是咱们的了吗！

于是大家就开始心照不宣地讨论 B 和 C，再也没人提 A 的事了。

那 B 和 C 之间选谁呢？

这个时候太后站出来了：

“还是选 C 吧。”

为什么呢？

不为什么，不是说不知道选什么的时候就选 C 吗……

这当然是胡扯了。这个太后没有选 B，只是因为 B 是另一位和自己不太对付的皇妃生的。而这个 C，也就是宋徽宗，虽然也不是太后亲生，但是他和太后平时的私人关系处得特别好。站在太后的角度看，与其选 B，给自己未来的失势埋下隐患，还不如干脆选这个嘴巴甜的 C 呢。

“反正是不能便宜了那个贱人！”太后当时的心里一定是这么想的。

于是，宋徽宗就这么机缘巧合地当了皇帝。

是的，整个过程就是这么简单，在很多能够被称为历史关节的关键时刻，最终起决定作用的，很可能只是一两个非常细小的心理变化。

但是很可惜，宋徽宗确实不是一个当皇帝的料。

客观地说，他在很多方面都算得上博学，比如他的书法、绘画、词令，乃至篆刻、音律等，都是很有水准的，但问题就在于他只喜欢这些个东西，而对国家大事这种“小事情”反而始终有着压抑不住的厌烦。

似乎在他的心里，始终是把自己定位成一个大号的文艺青年，一门心思想的是怎么享受艺术所带来的乐趣，实在不愿意把大好的光阴都浪费在工作上。

所以没准儿连他自己都觉得，或许还是当一个普通王爷才更舒服。

对于一个皇帝来说，这种工作与休闲之间的矛盾其实非常容易解决，因为有的是人愿意帮你分忧，那些士大夫天天想着盼着的就是多捞点儿权力，巴不得你不愿意上班呢！而且从程度上看，宋仁宗时代还只是在权力空间上有所让步，皇帝还是偶尔要来打打卡签签字合个影什么的，而到了宋徽宗这里，干脆就整副挑子都撂给底下人去打理了。

当然，这种撂挑子是有选择性的，眼下明明就有两拨人在搞党争，谁都想帮皇帝接下这副“重担”。虽说宋徽宗糊涂，但他也不是真傻，他只敢撂给那些自己信任的人，要不然，真被这些如狼似虎的士大夫架空了可怎么办！

比如谁？

高俅？

才不是呢，那只不过是小说里过分渲染的一个人物，其实高俅在宋徽宗眼里没有那么大的分量。当时朝廷里有一个被时人称为“六贼”的小团体，才是宋徽宗胡作非为的执行班子，也是他最为信任的身边人。

里面有两个人也都是在小说里大大露过脸的。

一是蔡京，就是小说里的蔡太师，主管政治。他的书法功力十分了得，是当时社会各界临摹的范本，这一点在小说里也有所反映。甚至有的人认为，所谓的宋代书法四大家“苏黄米蔡”，其中的“蔡”就是指的蔡京。

二是童贯，是个太监，不过因为会带兵打仗，就负责了军事。

小说里南征方腊那场仗，就是童贯大太监带着人去打的。而所谓的宋江征方腊，那只是小说家的演绎，历史上绝无此事。

话说宋徽宗从根子上看就绝非一代明君，所以我们不可能强求他做出翻天覆地的伟大功绩来。如果只是从守成的角度去评价，其实他所选择的这个小团体的工作业绩还算是可以的。

一些史书总喜欢拿宋江和方腊起义，以及宋徽宗搞的花石纲说事，好像农民暴动的根本原因只在于这个小团体要给宋徽宗进献花石纲，然后激化了社会矛盾，然后一下子大宋王朝就风雨飘摇了。

那意思就是说，一直繁荣发展的大宋社会，因为花石纲这一件事，一下子就变得衰败了？

这也太看得起他们六个人了吧！

能以个人力量激化的矛盾，虽然也有可能直接引发社会的动荡，但一般规模都不会太大，或者说只会是局部和短期现象，很难直接影响到一个王朝的根基。类似这样的观察角度，只会对认识某个具体事件的发展脉络有一定的参考价值，但绝不能用来解释整个社会的发展趋势。或者我们可以简单想象一下，如果这些事是发生在宋真宗或者宋仁宗时期，恐怕史书上都会懒得写上一笔。

事实上，宋真宗和宋仁宗时期还真的就有很多类似事件，可是你听说过吗？

史书记载，在宋真宗转型当“演员”的时候，各地争相进献的“祥瑞”数量不在少数，有的规模也算得上是蔚为壮观。在宋神宗变法的十几年里，各地爆发的民变也不在少数，这些事怎么就没人愿意提起呢？

根子上还是因为这些事件都只是现象而已，并不能反映深层次的规律。

所以客观地说，这一时期的奸臣当道，以及因此出现的一些社会动荡，只不过是一个历史发展的阶段性现象，只是一些外在表现而已，如果过分夸大，甚至说成是北宋亡国的根源，那就是罔顾事实了。

作者始终认为，真正决定这一社会发展根本走向的，还是之前我们提到的，以土地为代表的社会资源的又一次趋于集中，一步步凿空了宋朝赖以生存的底层基础。

有一组数据可以作为参考。

《宋史·地理志》序中显示，宋徽宗即位初期，全国的户数超过了两千万户，预计总人口已经超过一个亿。从数据上看，整个社会好像还是一派繁荣景象，但是据有关学者分析，其中已经有至少三分之一，也就是三千多万的农民失去赖以生存的土地。如果直接按照佃农和自耕农的比例推算，结论则更为可怕。据《简明宋史》（人民出版社 1983 年版）推断，北宋末期佃农户数已经大约占到全部户数的 50%。

受多方面因素的制约，这些统计和推断结果未必就是精确可信的，但是至少可以给我们理解这个问题提供一个对比思考的视角。我们可以想象一下，如果真的有一个如此庞大的失地农民群体散落在社会上，更重要的是它的规模还在持续扩大，那么，在遇到一些突发性事件的时候，他们就有可能成为推动量变走向质变的那股决定性的力量。

关于这些失地农民的生存方式，也值得去了解一下，因为这可以帮助我们更生动地理解他们所处的实际状态。

比如，最常见的一种方式就是占山为王，就类似于梁山那样。

你别看他们每个将领好像多少都有点什么背景，似乎跟失地农民扯不上关系，要看到这一百零八个人只是领导层而已，底下有几万喽啰基本上都是，而且也只能是失地的农民。

你觉得他们的这种生活状态稳定吗？如果真的稳定，宋江就不会一门心思地想要被朝廷招安了。

比如，还有不少人为了逃避过重的税赋，或者因为欠了债还不上，只能选择去租种地主家的土地，当上了佃户，而且好像这个群体还不在少数。可是说到底，这种生活状态其实更为脆弱，只能靠着老天爷开恩赏口饭吃，一旦遇上灾年没了收成，被黄世仁活活地逼成了白毛女，恐怕也只能再去走前一条路了。

还比如，有一些人通过各种关系投了军，变成了朝廷招募的禁军，或者当了起辅助作用的厢军。这个路子乍一看还算个正经行业，可问题是到了这个时候，宋朝军队的风气已经给陈年积弊败坏得不成样子了，即便之前是一个老实巴交懵懵懂懂的农民，只要跟着身边的兵油子有样学样，也会很快地变成只会欺压老百姓的豺狼虎豹。

这部分人看似被纳入了国家体制，但是从根子上讲仍然是极不稳定的，因为他们根本不能打仗，军队发挥不了应该有的作用，一旦敌人真的来了，十有八九就是一触即溃，然后就会迅速演变成敢于明目张胆祸害老百姓的一股股乱兵。

还有一部分多少有点儿底子的人，或者有几个本钱，或者有一门手艺，或者有一膀子力气，干脆就从农村进了城，靠着力气或者技艺干活吃饭，就类似前面说到的，帮着人点餐跑个腿啥的。而这部分人总的特点是，有活干就有吃的，没活干就没吃的，特别是在发生战争的时候，他们作为城市中缺乏根基的从业人员，肯定是首当其冲的受害者，所以很难在战乱当中幸存下来。

总之，无论是以哪种形态存在，这几千万的失地农民本质上都处于一种不安定的状态，也是一种最容易遭受冲击进而诱发社会动荡的状态。

这还只是和大家聊了土地的集中，如果真要细细分析其他各类的社会资源，可能这种因为资源集中而带来的不安定态势会显得更加恐怖。

也有很多人认为，所谓“北宋灭亡”实质上是个偶然事件，如果不是金兵突然南进，这个王朝肯定还能再延续一段时间。

这个判断应该是没有问题的，但是它也不能否认当时的宋朝社会已经积攒了诸多的社会矛盾。形象点儿说，就像是一座被洪水泡松了地基的房子，如果没有外力去推，可能还要在水里挣扎很长时间才会自然倒塌，也可能在被彻底泡软了的时候，随便来一阵风就能把它刮倒。可是现在的情况是，房子还没有被泡到它的“洛希极限”，就突然被一个叫“金”的大个子给撞了一下，然后就出人意料地塌了。在这种情况下，你能说洪水一点儿作用也没起？如果房子的地基仍然很坚固，恐怕也不是这个大个子就能随随便便撞翻的。

所以，宋徽宗即位之后的大宋朝，已经完全处于一种底层不稳的高度危险之中，如果当时掌舵的是一位像宋仁宗那样小心翼翼的君主，说不定还能勉强维持一段时间，可偏偏此时在位的是宋徽宗，这人本质上就是个啥都不愿意管，却还严重自以为是的文艺青年。

这就像是一辆车还没到报废时间，却突然换上了一个“马路杀手”当司机，只要随便出现一点儿闪失，就有可能导致彻底翻车。

而宋徽宗毫无压力地完成了这个使命。

关于历史上所谓的北宋结束，不得不从辽国的亡国说起，因为它们之间有一个顺承的因果关系。

辽国的灭亡，说到底也是受这种周期率的影响，也是因为一部分人逐步把社会资源过分地集中到了自己手中，进而从根本上损害了另一部分人的利益。

它具体表现为契丹与其他民族之间争夺生存权的矛盾。

契丹就是辽国的主体民族。而这个其他民族的代表，叫女真。

女真本来是一个生活在遥远东北深山老林里的原始民族，一直靠畜牧和打猎为生，一开始人数也不多。因为在那种自然环境下，一块区域能够养活的人数总量是一定的，而这个时候契丹已经率先崛起了，他们已经率先占据了一个绝对多数，这就在客观上限制了女真人数的增加。

最早的时候，女真臣服于契丹，大家都在这个地方畜牧打猎，低头不见抬头见的，所以彼此都不会做得太过分，有时候大哥还要主动给两块肉笼络一下小弟。

但是说实话，那种状态下的生活方式实在太原始太清苦了，所以当契丹人有一天骑马往南走迷了路，一不留神跑到汉族人居住的地方时，那俩大眼珠子差点儿没砸到地上。

我去！居然还有这种操作方式？！

为什么你们射的箭能爆炸，是因为射到雷公了吗？

你们把火放在纸笼子里面，为什么不会把纸点着？

你们老说红烧肉红烧肉的，这个“红烧”到底长什么样？为什么它的肉这么好吃？

为什么你们的巫师和我们的萨满巫师穿得不一样？而且，《论语》是个什么咒语？

当契丹人真正见识到外面世界的精彩之后，大部分人毅然决然地抛弃了生养自己的故土，搬迁到南方离农耕文明比较近的地方，也就是今天的辽宁一带和河北、山西的北部一带，目的很简单，就是把自己的生活也变成那个样子。

说起来辽国极盛时期的疆域非常广阔，西端一直延伸到今天的新疆地区，北边到达今天的俄罗斯境内，东边一直到日本海沿岸。可是它建了五个京城，基本上都围绕着这个离农耕文明比较近的核心区域及其周边，根本不考虑全境的地域平衡问题。

这也能够帮助大家理解，为什么辽国宁肯跟宋朝打上几十年仗，也不愿意撒手那块巴掌大的燕云十六州，就因为那块土地上有他们向往的生活方式。

但是问题随之就来了。对于原本稳定的东北地区来说，最大的民族迁出去了，原来的人口平衡就自然而然地被打破了，女真人的规模就迅速壮大起来。

契丹人回头一看，大兄弟你这样可不行，我走是走了，可没说之前的东西都留给你啊，而且你一口气生那么多孩子，是想造反吗？

于是契丹人下令，先把一部分女真人迁到南边来。

别误会，这种迁徙可不是请他们来享福的，而是让他们来服侍契丹人的，说白了就是来充当普通的劳动力。

而留下的那些女真人也不能闲着，你们不是占了我们契丹的地方吗，所以你们就得纳贡。

纳多少？

废话！你们现在吃我的，穿我的，住我的，连砍柴、打猎都是在我的地界儿上，还敢问纳多少！只要饿不死，剩下的全给我交上来！

于是在事实上，女真和很多其他民族一起，就统统变成了卖身给契丹的终身佃户。

这一下就不光是要兽皮和肉那么简单了，因为那块土地上所有的东西都是我的，我要什么你就得给我弄什么去。

比如海东青，这是一种东北特有的鹰，非常凶猛，也非常聪慧。驯养海东青是契丹贵族中的时尚，就像今天挎名牌包包一样。但是他们只管养，捉鹰这种既危险又辛苦的事情，搞不好命都没了，最好还是甩给女真人去干。

于是，契丹人就下令，女真人每年必须缴纳一定数量的海东青，而且说多少就是多少。注意，这可不是按你能捉到的数量计算的，而是按俺们契丹贵族实际需要的数量计算的。就算你每年只能捉一百只，但我这边有一千个大户人家想要，那你就必须给我捉足一千只。

捉不足？那就拿命来抵。

而事实上的悲惨还完全不止这些。让你捉一千只你就只给一千只啊？我们这些收税的、转运的就活该白辛苦啊？你们这些土包子懂不懂规矩！

所以，当女真人悲摧地发现，无论自己多么努力，最终也只能是养肥一帮变本加厉的契丹贵族，而自己的生活却得不到丝毫的怜悯和改善时，这种基于维护自身生存权的民族矛盾就开始在二者之间慢慢激化了。

其实在金国崛起之前，契丹和其他各小民族之间的战争一直是此起彼伏的，但是很多斗争我们只能听到一个大概，真要求证起来，那可是一点儿好办法也没有。想来这也很正常，毕竟是契丹的文人在掌握笔杆子，他们不往上记，难道还能指望后人去扒拉女真人吃剩的动物骨头，看看上面有没有刻字？

而且很关键的一点是，契丹人已经掌握了最先进的生产方式，特别是还有宋朝每年的定期输血，所以打起这些原始形态的反叛者就如同砍瓜切菜一样，几乎不用费什么力气。

想想看，一支从深山老林里冲出来的还裹着兽皮的部队，迎头碰上从大宋朝买来的火箭和弩炮，那会是何等的震撼！

这种情况一直持续到女真族的杰出领袖完颜阿骨打的出现。

据史书记载，这个人从小就天赋异禀，说话也比别人早，射箭也比别人射得远，总之就是比同龄人厉害了好多。虽然这和历朝历代歌颂皇帝时用的手法风格非常一致，但难得的是这些记载还比较朴实，所以总体上应该是比较可信的。

这样一个优秀的人物，他在抗击辽国暴政的时候，肯定也不会采取傻大黑粗的简单方式，不会随便带着几百人就嗷嗷冲过去挑战辽国的国家机器。所以，他在当上自己部落的头领之后，第一件事就是主动投靠辽国政府。

换句话说，他带领整个部落去充当契丹的鹰犬。但这样做是有目的的，因为他需要暂时借助辽国国家机器的力量来发展自己。就在为辽国执行任务的同时，他慢慢地把身边的女真部落都聚拢在一起，形成了一个部落联盟，这样就拥有了跟辽国叫板的初步实力。

随后，就是一连串对辽国的军事行动。其中起决定作用的有两场，据史书说，都属于兵力对比悬殊的战争。

第一场是用三千七百人对阵十万人，双方比例是 1：27。

第二场是用两万人对阵七十万人，双方比例是 1：35。

但女真人都打赢了。

其实按常理推算，这两场都是根本没法打的战争，特别是第一场，因为三千七百人的绝对数量实在太小了，而且打的又是遭遇战，在这种兵力对比之下，敌人一个小冲锋就能轻易全歼女真人的部队。就算是女真人率先发动冲锋，也不可能对十万规模的军队造成根本性的伤害。

所以，如果排除各种偶然性因素不谈，最可能的解释是史书夸大了战争的规模，这个十万人和七十万人，很可能只是号称的，用来吓唬人的，或者是算上了后勤和杂役，真实的军队数字很可能只有两三万和十几万而已。

而且也的确算得上是辽国倒霉，本来打第二场战役时，辽军已经把握住了战场上的主动权，正在玩命儿地狂虐阿骨打的部众，可偏偏在这个时候，大后方突然传来了宫廷政变的消息，搞得在阵前领军的末代皇帝一下子就乱了方寸。

其实这个时候女真人已经快要支撑不住了，估计只要再坚持个半天左右，就能彻底解决掉这个心腹大患，然后再携攻灭女真之威，带领十几万人班师回朝，就算政变之敌能耐再大，也不可能压得住这个势头。

但这个末代皇帝并没有看清楚这一点，可能他更多地想到自己家里的财宝和妻妾，还有花花草草什么的，所以着急忙慌地下令班师。他就没有认真地思考过哪怕一秒钟：全国军队的主力此刻就在自己的手里，其他还有什么事情是比这更重要的?

想想看，战场上正砍得你死我活头顶冒血脑袋横飞的时候，皇帝突然说大家先停一下，咱们回家上个厕所再来，那……那简直就是一服泄气良药啊！

这样没有战略定力的皇帝，还真是一副天生亡国之君的坯子。

辽军接下来的下场就是一泻千里，而这支主力部队也就此丧失殆尽。

后来的事实证明，政变的事情很容易就能解决掉，但是这支军队是绝不可能再打造得出来了。当然，女真人也不可能再给他这么好的机会了。

接下来的过程就很简单了，基本节奏是女真人越打越多，辽国军队越打越少，打得辽国的末代皇帝在国土中一步步后退，最后一直退到内蒙古地区的深山里。等到再出来透口气的时候，整个辽国就已经变成了金国的天下，所以没跑多远，就被女真人一把抓住押了回去。

不过，辽国并没有因为末代皇帝的被捕而彻底消亡，跟着皇帝逃到内蒙古深山里的还有一部分有见识的契丹人，他们借助蒙古部落的力量，辗转迁徙到今天的新疆地区，把大辽的国号又延续了八十多年，历史上称之为“西辽”。

这些辽国的败兵打女真人打不过，但是收拾西域地区的迷你政权，那还是妥妥的。所以他们一度在中亚地区四处劫掠称王称霸，日子过得相当滋润。

由于西辽和金国之间隔着一个蒙古族生活的广大区域，而金国一直都没有完全征服过蒙古，所以西辽和金国之间基本上没有发生过大规模的战争，直到最后相继被崛起的蒙古帝国吞并，一同消失在历史的长河之中。

这就是辽国亡国的基本经过，表面看起来只是女真族和契丹族之间的矛盾，似乎根本就没有宋朝什么事，也碍不着宋朝什么事。

但是，这个死催的宋徽宗偏偏就要把手插进来，以为能从中捞到什么便宜。

他没有搞明白，趁火打劫这种事也是要以实力为基础的，想要跟金国分割利益，你起码得有和金国抗衡的能力。

关于三者的实力，我们不妨作个简单粗暴的比较，如果当时金国的战斗数值是一百，辽国的战斗数值是九十，那宋徽宗时期朝廷禁军的战斗数值大概只有五十，甚至更低。

而问题的关键是，一开始金国还以为大宋朝能和这么多少数民族政权并立这么长的时间，一定是有某种过人之处的，或者说一定有什么底牌没有亮出来。

他们并不知道，历史上曾经有个宋真宗，拿一大把祥瑞唬住了大辽和西夏的使者；他们也不知道还有个王安石，看准了宋朝的病根却最终没能治得了病；他们更不知道的是，宋徽宗时期的所谓禁军已经烂透了，除了欺负老百姓，几乎什么都不会了。

所以，在宋徽宗做着趁机光复燕云十六州的春秋大梦，派使者从海上跑到辽东找金国密谈的时候，女真人还是对宋朝的出兵寄予很大期望的，基本上是在半对半地分配攻城任务。

可是他们很快就发现，宋徽宗这小子居然连一道题都做不出来！

这个时期的战场上就出现了一个很奇特的场景：辽国军队这边刚被金国军队打散，迎面碰上了大宋朝的军队，一个冲锋下来，宋朝的军队居然崩溃了。于是就形成了金国人追辽国人，辽国人再追宋朝人的场面。搞得辽国人自己也很纳闷：俺们这到底是输了还是赢了？

这么几场仗打下来，女真人看宋朝的眼光就彻底变了。以前宋朝还算是个值得尊敬的合伙人，现在就干脆是摆在面前的一份免费烤全羊。

有肉当然要吃了！而且还是这种送到嘴边不要钱的。

在这个问题上，完颜阿骨打就充分体现出了一代开国君主的远见卓识，他明白当前灭辽大业正在关键时刻，容不得金兵两头作战，所以必须先忍一忍口水，把宋徽宗哄得乖一点，等腾出手来了再下刀子。

所以，虽然宋徽宗一道题也没做出来，但是金国还是按照约定，把自己辛辛苦苦打下来的燕云十六州还给了大宋。

当然了，金国人不傻，他们在还地之前干了两件事。

第一件事就是把能抢的先抢干净，不仅是钱财，还包括人口，甚至一些质量比较好的建筑材料，都被他们拆吧拆吧运回老家了。

所以，事实上金国还回来的只是一堆废墟而已。

但这还不算，人家还问了，我把地还给你，你给我什么好处？

大宋朝领军的这位正是童贯大太监，他太清楚所谓的收复燕云对于宋徽宗这样的文艺青年来说意味着什么了，所以他的脑海里就只有四个字：不惜一切！

也就是说，只要你给地，其他一切好商量。

关键他还脑子抽风，一张嘴就把心里的底线漏了个干净。

这一下金国人就好办了，既然你什么条件都能接受，就别怪我们狮子大开口了。

那么第二件事就是讨价还价。

金国人一共提了三个条件。

第一，原来给辽国的五十万岁币改交给金国。

说起来这个条件倒还在意料之中，毕竟宋徽宗一道题都没做出来，属于靠着请人作弊才收回的领土，那么支付点佣金也是可以理解的。反正以往都给，给谁都是给，也不缺这点儿钱。

第二，先给你北京周边的六个州。因为其他几个地方被我们另一支部队占着，现在消息不通，等联系上了再还给你。

这种骗小孩子的谎话，童大太监在江湖上晃荡了一辈子，不可能听不出来。可是他转念一想，就算只拿回来六个州，那也是不世之功啊，还是先攥到手里再说。再者说，人家又没说不给，等后面再交涉嘛。而且我一直都跟皇上说，我是一个城一个城打下来的，这样先报一部分，倒也算得上合情合理。

这样自欺欺人地思考了一下之后，他就答应了。

第三,六个州所有的赋税收上来以后都如数交给金国人，此外再每年交一百万贯的“代税钱”。

且不说这一百万贯已经接近宋朝每年收入的 2%，单说这两笔钱的名称就已经自相矛盾了。

税都如数交给你了，还给什么“代税钱”？代哪门子税?

估计是经手的金国人觉得宋朝大头的竹杠好敲，就顺便在中间多要了一份，而且因为心理上的优势足够大，连掩饰一下的心思都懒得用了。

这就是金宋联合灭辽之后，最终留给宋朝的所谓成果。可是就算如此这般屈辱的境地，被童大太监一包装，也立刻变成了言之凿凿的不世之功。

因为毕竟六个州真的收回来了呀，而且人家也没说不给剩下的，只是个时间问题而已嘛!

最关键的是，宋徽宗根本没看到前线到底是什么样子。在他的概念里，应该是童大太监带兵连战连捷，燕云父老箪食壶浆迎接王师归来。难道不是吗？

一切应该都是皆大欢喜的状态，这都是我领导下的大宋盛世才会有的景象啊！

这哥们儿没准状态一来又要吟诗作画了。

只可怜，那丢盔卸甲的王师进了城，几乎连一个活人都没见着。

宋徽宗根本没有机会知道这些情况。前面不是已经说过吗？他根本不愿意操心朝政，所以即便是赔款这种大事，估计蔡京之流就做得主了。宋徽宗只需要知道燕云十六州已经收回来了，就行了。

所以，就是类似这样的欺骗，让一身“艺术细菌”的宋徽宗凭空萌生了许多莫名其妙的情怀。比如，他居然有兴致给已经被抓了的辽国末代皇帝写信，大意就是：

兄弟你这会儿弄啥咧？要是没地方去就上俺家来吧。别不好意思，你自己说，俺是不是你哥？

历史上有人评价，说宋徽宗这样做是有道理的，他是为了把辽国废帝抓在手里，好牵制金国的精力。

可是难道宋徽宗从来没有想过，这个拎不清轻重的辽国废帝在位时都起不到什么作用，在今天金国的土地上就突然能一呼百应了？

而且，你就算要写信，也换个人去写好不好，万一暴露了，你还可以推说是手下人自作主张，至少能把自己择出来。可你偏偏要自己写，还用自己出了名的一笔瘦金体，你是担心金国人认不出来吗？

而事实真的就是这样发展下去的，这封信很快就落到了金国人手里，给他们后期出兵伐宋留足了口实。

那个废帝最终也没能逃到大宋来。不过没关系，他来不了那我们就去。宋徽宗言出必行，很快就会带着儿子去跟老哥们儿见面了。

宋钦宗赵桓

第六章

无可奈何的亡国之运

北宋　赵佶《竹石双禽图》 美国大都会艺术博物馆

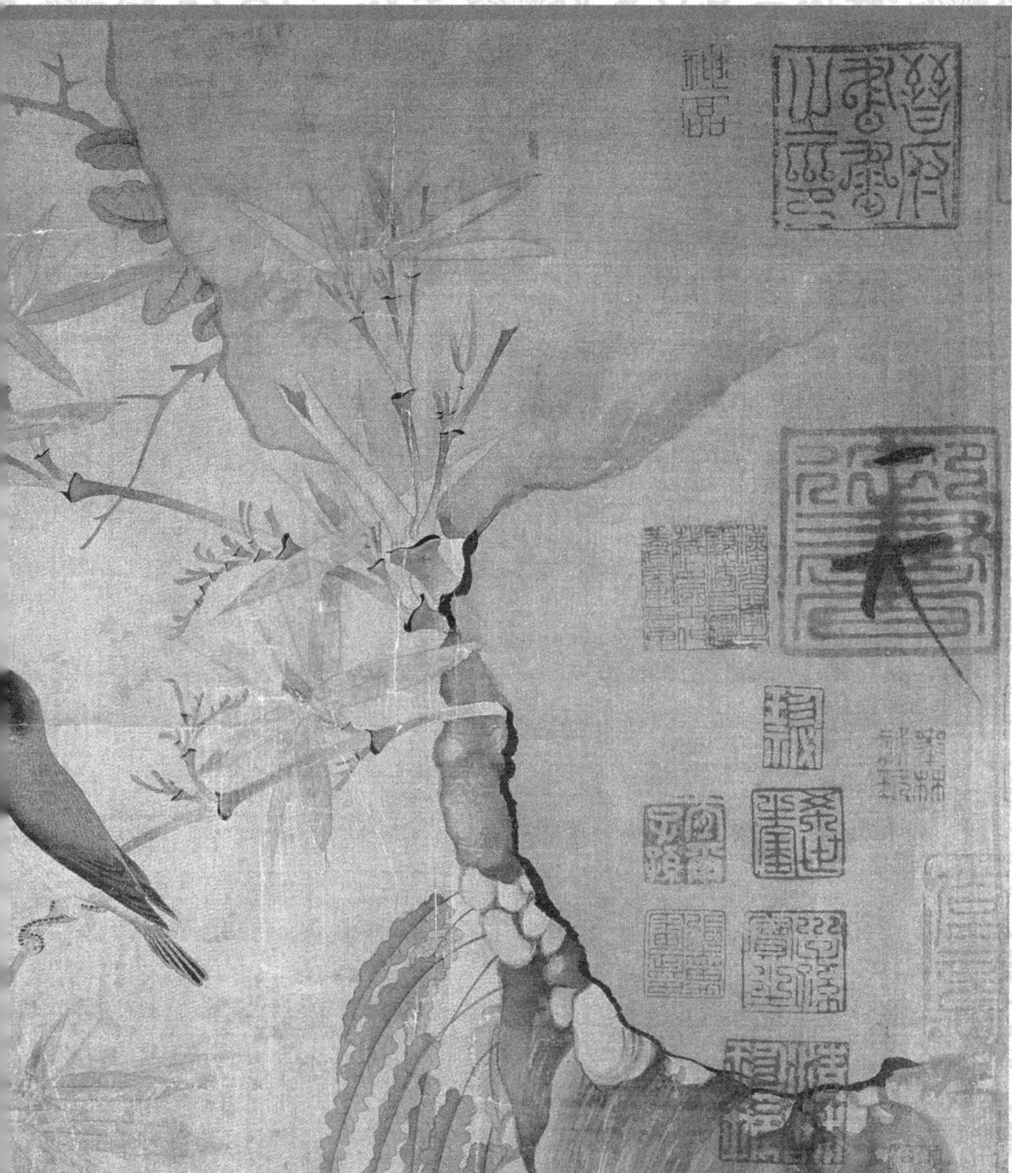

公元 1125 年，金国人刚刚灭掉了原来的大辽，就迫不及待地发兵攻宋。这就是大宋朝的第一次开封保卫战。

金兵大军分为两路南下，一路走河北，一路走山西。

山西这路从太原经过，这个太原城就已经是被宋太宗毁掉后异地重建的那个了，虽说已经远不如之前的那个坚固，但还是拼死挡住了这路金兵，一直耗到此轮金兵的全面后撤，可谓是用尽了洪荒之力。当然，城内的死伤也十分惨重，已经是濒临城破的边缘。

这里有必要多提一句，当时太原城里的最高军事长官就是大太监童贯，但是全城跑得最快的也是这个大太监，他不光自己跑，还把装备精良的精锐部队都给带走了。

关于这种情况，并不是一句简单的“懦弱无能”就能解释清楚的。童贯能持续掌兵十几年，也必然不是个废物，他这么着急要逃跑，主要是因为他跟金、辽两国都打了很长时间的交道，很明白各自的战力差别。更何况，自己的主子宋徽宗还在眼巴巴地盼着他回京护驾。

但是他错在没有尽到一个领导者的责任，否则就算再着急，也得先把防守的事情安排好了，至少得有一个通盘的考虑。毕竟太原城的战略意义是显而易见的，太原一失，开封危急，大宋朝若是没了，你又能逃到哪儿去？

那些只想着把责任甩给别人的人，位置爬得越高，危害就会越大！

而最可怜的还是太原城里那些忠心耿耿的武将，拼了命想要把童大太监劝留下来安定民心，但是在童贯的心里，实际上早已经把眼前这些成天叨叨的武将都给看成死人了。

就在这种情形下，太原城的军民还能死死咬住一路达六万多人的金兵，确实是非常不容易。而在这之中发挥了骨干作用的，都是一些中下级的军官，他们是真正为了大宋朝的社稷流尽了最后一滴血。

试想，如果没有这些人的主动承担，太原城轻易失陷，那么这一路金兵就能顺顺利利地开到开封城下会师，那么，恐怕也就不需要再有第二次的开封保卫战了。

而另一路金兵的进攻就比较顺利了，从幽州往南一路杀到黄河北岸，基本没遇见什么像样的阻挡。可怜的幽州城在宋军手里攥了不到两年，还没热乎，又轻而易举地被金兵夺了回去。

虽然事实如此，但这并不代表宋朝军队就全都是弱鸡，其实当时华北各地还有不少能打仗的部队和将领，也有一些很坚固的边防要塞。要知道大宋朝在华北边境前前后后经营了一百五十多年，那可不是闹着玩的。

但是，为什么这些要塞最终都形同虚设了呢？

归根到底还是因为“人”的作用没有发挥出来。

举个例子，在金兵长驱直入的时候，我们的大宋朝廷根本没能做出及时的反应和部署，这导致边关的很多将士都很纳闷：朝廷不是说我们和金国是友军吗？昨天晚上还一块儿喝酒吃烤串呢，怎么今天就要死要活地来玩命了，这是……喝多了？

在这种迷茫不定的状态下，再坚固的城防也很难守得住。

更何况人家金兵从来就没有打算步步为营，他们的目标就是以最快的速度推进到开封城下，擒贼先擒王。所以，只要没有人在面前死命拦着，他们一般都会选择绕着走。

那么，为什么没有人去主动拦截他们呢？

原因很多，怕死是一个，缺乏统一调度也是一个。此外还有一个，就是前面提到过的军事体制问题，这也是一个可以供我们思考的角度。关于这一点，我们不妨按照当时的行政逻辑编个段子，可能就容易理解了。

比如，有斥候报告，城池周围发现大队敌军。这时候应该怎么办呢？

正常的思维当然是赶紧跟主帅报告，然后谋略守城或者主动迎敌。

但是我们大宋朝的官员们可不会这样干。

按照大宋朝的程序，接到信息的人应该先跟管指挥的A衙门主官报告，主官会马上召集会议，研究到底是战是守，以及让谁去领兵、领多少兵、领多长时间的兵、在哪里打、怎么去、怎么打、如果打不赢怎么办、赢了但是损失过大怎么办、俘虏的敌人怎么处理、要不要带一些给俘虏准备的粮食和帐篷，还有，打赢了怎么写报告、要不要先总结一下去年全年的工作、要不要谈几点感想、要不要提几点建议，打输了要不要跑、该往哪里跑、怎么跑、跑不掉怎么办……

漫长的一天会议过去了，会议纪要终于写出来了。

你以为这就完了？早呢！

根据会议纪要起草好用兵命令，找个字好的人誊抄一遍，盖上章，再派人送去 B 衙门——很可能就在隔壁——告诉他们，我们经过慎重研究，决定让老王带五千士兵迎敌，请派兵。

B 衙门是管带兵的，主官接到命令一看，隔壁这帮二货又开始瞎指挥了，咱们这里哪儿来的五千士兵！回去告诉他们没有！

A 衙门一听这话急了：怎么能没有呢，账面上明白写着有五千士兵长期驻扎在咱们城里的。

B 衙门回他个白眼：那是账面上的数，里边有四千个名额都是吃空饷的，你又不是不知道！上个月给你分银子的时候也没见你说什么啊，这会儿跟我这儿装什么大头蒜！

A 衙门：……

B 衙门：……

A 衙门：那一千人就一千人吧，赶紧让老王带兵迎敌吧。

B 衙门：兵我能给你，但老王不归我管，你去问 C 衙门吧。不过我好像听说他正休假呢。

A 衙门：……

B 衙门：你老给我整六个点也没用，咱们大宋朝就是这么规定的！

于是 A 衙门又赶紧去找 C 衙门。C 衙门说没错啊，老王是在休假呢，咱们大宋朝就是假期多，你不知道吗？

那怎么办？

还能怎么办，你们再开个会，把命令改一下呗。

于是 A 衙门又着急忙慌地赶回去重新开会了……

就是类似这样的官僚主义程序，不管你有多少战机都直接给你耽误掉了，还能指望军队打什么胜仗？

当然，这一路金兵的进展能够如此顺利，也和华北平原的特殊地形有关，脚底下千里平原一马平川的，连个能阻击敌人的隘口都不好找，而金国的骑兵机动能力又比宋朝的步兵强得多，打得过就打，打不过就跑。在这一点上，他们比山西那路幸运多了。

不过，地形给金兵带来的优势也就维持到黄河边上。

古代人称呼黄河为天险，并不是随便说说的。在当时的物质条件下，想让六万大军连人带马安然渡过黄河，绝对是一件很困难的事情，光是找船这一项任务，就能足足拖住他们几个月，有了这个时间，其他地区的宋军早就合围过来了，骑兵部队的机动性也就丧失殆尽了。

更何况，此刻就在黄河对岸，宋朝还安排有几万人的守河部队，如果他们用足了火炮弓弩，趁着金兵渡到一半的时候来一顿猛轰，那对只习惯于马战的金兵来说绝对是一场灾难！

可是大宋朝的官兵让金国人“失望”了。

头天晚上金军统帅还在为渡河头疼，甚至都在考虑要不要就此撤兵回去，天一亮却发现，对面的守河部队跑了个干干净净，满地都是扔下的各种兵器，甚至还有不少火器。

好大的惊喜哦！这是什么情况？难道今天该我过生日？

金兵一开始还以为是宋军在耍什么诡计，可事实上，这根本就是一场不折不扣的大逃亡。

是的，你们没有听错，几万守河部队以逸待劳，坐拥黄河天险，还有大量的火器，然后一夜之间，主动跑了个干干净净。

为什么呢？

原因很简单，这些守河部队害怕打仗。

是的，你们没有听错，他们真的害怕打仗。

咱们前面不是说过吗？这个时期的大宋中央禁军已经烂透了，混进来的主要是一些只会欺负老百姓的地痞流氓，根本就没打过仗，不想打仗，也不敢打仗，一听说真要打仗了，他们的第一反应就是赶紧跑路。

跑到哪里去？跑回家啊！在他们的认知里，只要避开这个风头，等金兵退了，就还能继续来干这个差事，还能继续欺负老百姓，继续往自己兜里捞钱。

这就是他们的最大眼界：我当兵就是为了吃粮拿饷和欺负老百姓的，别给我整那些没用的。打仗？万一我命没了，找谁说理去？你把命赔给我吗？

对于这些在最底层作威作福的兵油子来说，什么忠君爱国，不过就是嘴上说说的口号而已，他们才不信呢。

不过，据说当时守河的将领们还多少有一些骨气，拼了命地想要拦住这些溃兵。可是军队里整体的风气已然如此，只靠几个人的蛮力又怎么可能拦得住呢？

所以，这场大逃亡的奇观就这么理所当然地上演了。

金兵在弄明白怎么回事之后，彻底打消了撤兵的念头，开始信心满满地四处找船只渡河。可叹的是，这伙金兵到头来也只找到十几条小船，六万人马渡了五天五夜才到达黄河南岸。试想，如果此时南岸有一两千个能射箭的士兵，估计金兵一人一马也渡不过来。

就是这种看似根本不可能完成的任务，居然让金军毫无压力地完成了！

难怪金军统帅渡河之后长叹一声："南朝无人矣！"

南朝有人，可惜，让宋徽宗纵容糟蹋了十几年，那所谓的国家机器完全就是个千疮百孔的空架子了，已经很难再把人凝聚起来了。

而更为惊讶的是宋徽宗，这个文艺青年根本没想到金朝会发兵打过来。

我们不是刚刚打了场胜仗，收复了燕云十六州吗？我为此写的庆功诗词，挂在墙上墨迹都还没干呢，你们怎么突然就报告说，金国人要窜到开封城下了？

没人愿意解答他的疑问，而且当前最紧要的事也不是搞清楚这个是非曲直，因为金兵马上就要来攻城了。

宋徽宗本质上就是一介文人，让他舞文弄墨那是行家风范，但是面对指挥打仗这种毫无经验的事情，他一下子就变得不淡定了。

怎么办？

他很无助地去咨询最信任的"六贼"，这六个人给他的答案非常一致：跑！

尤其是刚刚从太原城逃回来的童大太监，为了掩盖他临阵脱逃的罪责，少不了又得编一些谎话来吓唬宋徽宗，目的就是要让他感觉到，金兵的确不可战胜，现在除了跑，别无出路！

那么，往哪里跑呢？

这次的宋徽宗就没了当年宋真宗去江南还是西蜀的纠结，因为这"六贼"的老巢都在江南，所以根本不需要做选择。

宋徽宗刚要启程，突然被一个人从后面扯住了袖子。

这个人叫李纲，他是一个坚决要守土备战的大臣。

就像太原城的武将劝阻童贯不要跑一样，他也苦劝宋徽宗不要离开开封。道理很简单，宋徽宗这么一跑，开封城里群龙无首，可能城防就要崩溃了，那后果是不堪设想的。

那意思就是说，童贯跑得，你跑不得。

那是太原，这是开封！他是太监，你是皇帝！

可是此时的宋徽宗根本就不愿意考虑这些让人伤脑筋的事情，很可能他在心理上仍然把自己当成一个王爷，而从来没有认为自己是应该为大宋子民担起责任来的最高指挥官。所以，他完全和童大太监一样，在面对国家危亡的时刻，一心只想着保全自己，而没有表现出一丁点儿的担当意识。

所谓“物以类聚，人以群分”，大抵如此。

在这一点上，宋徽宗连同样是亡国之君的大明崇祯帝的一个脚指头都比不上！

李纲眼瞅着劝不动眼前这个软骨头，就干脆退而求其次。

皇上您说想搞一次“南巡”没问题，但是为了能让您“南巡”得更安心一些，是不是得给开封城里留个主心骨啊？

这意思就是说，您不愿意担责任没关系，您走您的，可皇帝的位置您得留下来，要不然满城军民听谁的呢？

再说了，开封城撑得越久，您的“南巡”就能越安心，不是吗？

这最后一句话终于说动了宋徽宗。

好吧，你说得也有理，那我就传位给儿子，以后就让他带着你们守城吧。

还有，你们一定要努力多撑一段时间，现在是冬天，船走得慢，至少要撑到我安然渡过长江，才许你们弃守开封。

可能在他的潜意识里，一直固执地认为开封的失守只是早晚的事，而儿子宋钦宗只不过是个垫背的，很快权力还会再回到他自己手里。

但是，这种侥幸最终没能实现。

后来在宋钦宗的主持下，第一次开封保卫战最终取得了胜利，虽然过程上多少有一些屈辱的意味，但总归是解了围，这就奠定了宋钦宗在世人心目中的地位，他的皇帝身份也就不可能再被宋徽宗夺回去了。

在这种情况下，就连宋徽宗也不得不灰溜溜地从江南再跑回来，而这一回来，他就丧失了所有的东西，不仅包括那“六贼”，也包括儿子对他的信任。在此之后的宋徽宗，就完全变成了一个纯粹的老父亲，在被金兵劫掠北上之前，再也跑不出开封城半步了。

这些都是后话了。

宋钦宗即位之后，改年号为靖康。

靖康的意思就是安康和安乐，其中包含了这位年轻的皇帝对国家未来的憧憬和期待，很可惜，这些都没有变成事实。

宋钦宗就是宋朝的第九位皇帝。关于这个皇帝，历史上比较统一的意见就是“命不好”。

他的一生只当了一年多的皇帝，却直接面对了两次首都保卫战，然后被当作奴隶囚禁在敌国三十多年，最后惨死在冰天雪地的黑龙江。

在他即位初期，宋徽宗已经“南巡”多日，金兵前锋已经兵临城下。而开封城内兵员不足、军备废弛，府库金帛被宋徽宗卷走大半，朝堂之上不知该战该和，民间一片恐慌情绪，很多人举家外逃，市场上粮食紧俏、物价飞涨。

就是这么一副烂摊子，摆在了从未处理过复杂问题的年轻宋钦宗面前。

而这时候他的表现还算是可圈可点，至少比他老爸强了许多。总体来看，他主要是先后做了三件大事。

第一，大张旗鼓地起用一批主战大臣，其中就包括劝宋徽宗退位的李纲。

这一招直接就安抚了军心民心。因为大家突然发现好像朝廷开始拿主意了，而且是很明确的主意，不像之前那样只听说皇帝要跑，其他什么信息都没有，什么希望都看不到。

这件事看起来很小，可是昭示的意义重大。在面对强大敌人的时候，最可怕的往往是发生在内部的混乱。内部的思想统一了，很多事情就能顺理成章地推行下去。

第二，整军备战，组织民兵上城墙防守。

当时的开封城已经经过了从后周以来一百多年的整修和扩建，最终形成的框架非常之大，从里到外共有三层城墙，最外层的周长达到五十多里。

这么长的城墙，要是想实现有效防守，守卫的军士不能少于二十万。眼下所谓的城内守军只是十万老弱病残，根本防不过来。但是这没关系，人民的积极性只要调动起来了，就没有什么困难是克服不了的。

据说宋钦宗一声令下，马上就有超过三十万的开封民众响应号召保家卫国，一下子就解决了兵源的问题。

第三，急招大宋朝最精锐的“西军”入京勤王。

当时朝廷的中央禁军基本上是烂透了，这一点就算宋钦宗不知道，李纲他们也多少会有些了解。所以，指望这些人守个城都属于高看一眼，退敌就完全不能指望他们了。那么，纵观此时的大宋朝，还有哪支军队是可用的呢？

说起来还真有一支，就是用来防备西夏的那几十万边军，因为驻扎在陕西边境，也被称为“西军”。他们整天跟西夏人打仗，战斗力可算是宋军里面最高的。如果能从这支军队中抽出十几万人顺利入卫开封，不仅可以不用担心金军攻城，说不定还能组织一场绝地反击呢。

毕竟说起来，虽然金兵来势汹汹，但真正赶到开封城下的却只有河北这么一路，总数也才六万多人，完全胜在行动出其不意和朝廷反应得过于迟延。这么一支孤军深入敌国腹地，本身就是兵家大忌，如果朝廷能够善加调度，在开封城下把他们死死拖上几个月，等到各路勤王军队汇集开封，几十万宋军强势合围，那就真的可以包个大饺子了。

形势看起来一片大好，但是就在这个时候，宋钦宗却主动地派人出城，去找金兵议和。

这是宋钦宗在使什么重大计谋吗？

可惜还真不是，小伙子是真的想要议和。

难道他脑子出问题了吗？

大家别着急，其实宋钦宗这样做也是有原因的，这就牵扯到一个怎么去理解他人的问题了。

一般来说，要理解一个历史人物的所作所为，必须紧紧结合他所处的历史背景和个人的性格特点。比如，我们坐在一千年之后的带着暖气的房间里，端着咖啡去揣度一千多年前的宋金形势，会很轻易地作出宋朝形势一片大好的结论。但是，如果我们换到宋钦宗的角度，尝试用他的视角和逻辑去思考同样一个问题，恐怕观察的侧重点和最终的结论都会不太一样。

第一，他从小在开封城里长大，对金兵的实力不可能有太客观的认识，只能从别人的谈论当中获取一些二手信息。而当时，整个朝堂的状态都是“谈金色变”，这会让小伙子无端生发出一种不知金人底细的恐慌感。

第二，他毕竟刚刚即位，还没有任何的根基，所以稳定是第一要务，做任何事情都不能冒太大的风险。哪怕是暂时多让渡一些利益，多赔一点本钱，他也能咬牙答应，只求赶紧把眼前的金兵哄回去，他才有机会去巩固自己的根基。

第三，你们以为，他真的就那么盼望各地的勤王军队？

还记得东汉末年的董卓吗？他当时打的也是勤王旗号，但他入卫长安城之后，又是怎么干的？

况且大宋自立国以来一直不信任武将，总是担心有一天哪支军队会突然地冲进首都来，挟天子以令诸侯。就算这是一支奉命前来救驾的“西军”，等它及时地赶到了开封城下，你猜，宋钦宗会不会真的让他们进城？

还有一个客观原因，那就是府库里的钱委实不多了。小伙子凭经验认为，与其费力供养千里迢迢来勤王的几十万军队，还不如给头脑简单的金兵塞上一把，哄他们拿了钱回家买年货去，说不定还能更节省一些。

所以，当前最好的办法就是赶紧哄金兵回去，越快越好，这样就可以把一切主动权都牢牢地把持在自己手里。

这也就解释了，为什么明明金兵看起来并没有形成实质性的威胁，而宋钦宗反而急不可耐地想要议和。为什么明明是主战派在主持守城，却有一批主和派的官员越来越我行我素，根本不把李纲他们几个放在眼里。

宋钦宗这么一动摇，原本凝聚起来的抗金斗志又一点点地散失掉了。

这样做的结果也就在当时的开封内外形成了一种奇观：这边主战派拼命策划着怎么劫营，那边主和派却熬夜修改和谈协议。

双方都装着看不见对方。

金兵看得见，可是金兵自己也很疑惑：

你俩这是搞啥呢？憋着劲儿玩我呢是不？找削啊！

没玩您，您看您说哪里话，我们可跟他们不一样，我们是皇帝派来的，他们干他们的，咱们签咱们的，您别理他们就是了。

说得轻巧！我不理行吗？你当我三岁孩子呢！你赶紧去麻溜儿给我整明白喽，要不然这字儿我不签啦！

主和派一看这架势，急了。别别别，金大爷您老别生气，他们那都是胡闹呢，我们才是代表皇上真实的意思。您要是不信，我就告诉您，今天晚上那帮傻大个儿要来劫您的营。

说起来这帮女真人刚从山林里出来不久，整体上的心思还都挺单纯的，可自从来了宋朝之后，真心觉得每天都被这帮宋人大幅度地刷新人生观和世界观。

你说……他们来劫营……然后你还告诉我？你俩……不是一家的吗？

不管金兵能不能真的理解这帮人的做法，但是当他们真的在军营里设伏，并且真的干掉了来劫营的一票宋军之后，每个人都要乐得不行了。

难怪我们老大这么着急要来打宋朝，此地真的是人傻钱多啊！

而且他们还迅速又得出一个结论：

既然这帮宋人不惜出卖自己的军事秘密，都要来求着我们议和，那对于这样的冤大头，我们不狠狠地敲上一笔，都感觉对不起自己的国号啊！

于是他们提出了一个连自己都没多少概念的赔款价码：

五百万两黄金、五千万两白银。当然还有其他财物，这里就不细细列举了。还有，除了赔钱，还得再割三块战略要地给金国，其中就包括太原。

宋钦宗一听这条件感觉头都大了，这价钱听起来就像刚学会数数的小孩子随口说出来的。别说我大宋拿不出来这笔钱，就算我真整出来五千万两银子，那可是三百多万斤呢，你拉得动吗你？

可是即便如此，为了尽快结束这场围城战，他还是咬牙答应了。于是接下来的一段时间里，全城的官员都在忙活同一件事，那就是给金大爷筹银子。

说起来宋朝官员们办事效率是出了名的低下，有时候一个公文批上一年都未必批得下来，可是在这件事情上，他们的效率突然之间变得奇高，就跟彻底换了一拨人一样。看起来拿银子引着干活，终究不如拿刀逼着干活来得更快些。

不过实话实说，金兵提出的那个数字也确确实实离谱了一点。要知道当时宋朝国内的主要流通货币是铜钱，金银的总产量本身就不是很多，就算是举国筹措，也不可能要多少就有多少。所以，筹银子的最终结果只是三十万两黄金和一千二百万两白银，但是这已经足以让金人大开眼界了，这些东西在军营里堆起来像一座山一样，对于他们中的绝大部分人来说，一辈子也没见过这么多的金银。

这还没完呢，宋朝官员们觉得自己事情没办好，担心金大爷们责怪，又捎带着送来一万多头牛和一百万匹绢。

金大爷们乐得嘴都要合不拢了，而且他们很快就发现了一个很严重的问题，这也是宋钦宗帮他们考虑过的问题，那就是，如果再继续要下去的话，很可能就真的拉不动了……

第一次开封保卫战就是在这种宋金双方“友好合作”的气氛下结束的，金国人走的时候还给宋钦宗留了一封信，大体意思是说：小钦你辛苦了，不送！

宋钦宗巴不得这帮瘟神赶紧离开，可是他手下人不这么想，尤其是以李纲为代表的主战派，就提了一个很有建设性的意见：

金兵回撤不是还得走黄河吗？这次咱们趁他们渡到一半的时候，派几万人去“欢送”一下。

其实这是个很好的意见，常言说骄兵必败，眼前这几万扛着大包小包只想着回家过好日子的金兵未必还能剩下多大的战斗力，如果能一把把他们打残了，金国没了生力军，至少可以保证五到十年的和平。

可是宋钦宗实在太想让金大爷们赶紧离开了，生怕再节外生枝，他担心万一金大爷们的战斗力爆表，一把没打掉，人家再反过来兴师问罪，恐怕赔的银子还得翻倍。

就是这种谨小慎微的性格，让大宋丧失了一次绝好的翻盘机会。

所以金兵这次过河不仅没有遭到阻击，宋钦宗还让那些主和派安排了大批人手，日夜守护在黄河两岸，但凡发现有侵扰金大爷过河的，一律斩杀！

最终，所有宋军只能眼睁睁地看着几万敌国生力军，背着大包小包的金银，慢慢悠悠地撤回黄河北岸，又浩浩荡荡地开回幽州。

李纲还是不甘心，退而求其次，再次上表请求加固黄河军防。

这也没有什么问题，毕竟这次首都突然被围，很重要的一个原因就在于黄河防线没有发挥作用。

可是宋钦宗也拒绝了。

他说你个冤大头看不见我刚刚把钱都给出去了吗，现在国库里比你的脸都干净，你让我拿什么去加固河防?

可是这种回答就完全属于有意搪塞了。面对着国防安全这种紧急大事，你就算把皇宫拆吧拆吧卖了，也不能图着省下这笔钱。给出这种回答，反映出宋钦宗脑子里并不认为此时加固黄河军防有多么重要。他肯定认为，钱也赔了，地也割了，我不求能像澶渊之盟那样管上一百年，至少你也得给我管上个十年八年的不出事吧。

但这只是一厢情愿罢了，人家虽然拿了钱，但没有这个义务非要替你着想。相反，你给钱给得这么爽快，还进一步刺激了金大爷们的胃口，他们回到家里想想总觉得自己要钱要少了，得赶紧找机会再去敲诈一点。

宋钦宗没有看明白，澶渊之盟并不是简单的花钱买和平，而是因为双方的实力大致相等，这是和谈的基础。

而这次，根本就算不上是一次和谈，单纯地就是在花钱买和平。

就是在这种心态的指引下，金兵刚一撤退，宋钦宗就开始了所谓的“整肃朝纲”。这一次，主战派大多被贬到了外地，而那些卖国的主和派却因为说的做的都恰好应了宋钦宗的心思，最终完全把持了朝堂的权力。

这些主和派都不是笨蛋，而且也一直都在为朝廷上下忙碌没有闲着。只可惜，他们所忙的事情没有一件是能保护开封安全的，相反，他们倒像是为了方便金兵再来，而在不遗余力地毁坏开封的屏障。

比如，那支最有战斗力的“西军”，之前被主和派害得劫营失败，损伤了不少人马。按说朝廷即便不表彰他们的勤王之功，也该多给点抚恤金才对，可宋钦宗一句“没钱”就把他们全打发了。这还不算，还严令他们限期撤离开封区域。

这背后的心态，不就是从老赵那里继承下来的吗？谁最能打仗，谁就是我最大的危险。这样对待军人，他们能甘心为你卖命才怪呢！

比如，除了“西军”以外，当时还有另外几十万的勤王部队先后开到了开封附近，而宋钦宗就像捏一颗炸弹那样，小心翼翼地应付着这些本来就属于自己的军队。眼看着赔款和谈有望了，朝廷就严令他们不许有任何动作，只准待在原地吃喝拉撒睡。结果，几十万军队千里迢迢赶过来，就围观了一场欢送金兵的大戏，一点儿仗也没捞着打。戏刚看完，这些人就被朝廷急匆匆地“就地遣散”了。

可能在宋钦宗看来，开封周边终究是不能驻扎太多军队的，还是让他们赶紧消失比较放心。

再比如，开封城里本来有十几万的守城军队，但是宋钦宗为了省钱，居然打起了这些人的主意，最后一咬牙给减到了七万人。这种省钱法，基本上就是把城防事业给放弃了。

这么几件事干下来，钱是省下来不少，可是开封的门户就完全面向金国敞开了，如果这些主和派能再把黄河填上一条路出来，可能就更完美了。

很显然，敢于这么做，宋钦宗的心里是笃定了短期内宋金之间不可能再有战事发生。可事实上，才过了半年多的时间，第二次开封保卫战就爆发了。

按以往与辽国打交道的经验看，因为双方都是讲究人，即便是发现谁有小动作了，也得先遣使责问，双方理论一番，实在谈不妥了才会翻脸打仗。

这可能是因为契丹人接触汉文化太久了，所以在言行举止上免不了带有一些宋朝人的习气。

但女真人可没这些习惯。前面已经说过，他们属于刚从深山老林里进城不久，还没有受到繁文缛节的浸染，他们所信奉的就是最原始的弱肉强食那一套。我打你就要往死了打，抢你就要一点都不剩下，咱俩讲和可以，但是如果我看上了你的东西，你不给我，我就打你。没有什么所谓道理可讲，老子就是想要。

不服你就说话呀，老子一定找时间来削你！

而且最重要的是，有了这几年跟宋朝打交道的经验，女真人已经彻底看明白了，所谓的大宋根本就是个软柿子！

所以，在宋钦宗眼里能至少管上十年八年的屈辱协议，在金国这边的有效期短得几乎让人不敢相信。

就在当年的九月，金国按照上一次围攻开封的路线，又兵分两路到宋朝地界上跑了一趟。

说起金国出兵的直接原因，也属于宋钦宗太不小心了，他偶然间发现金国军队里有两个姓耶律的辽国降将，以为是可以争取的人，就派人联系想引为内应。可他也不想想，大辽国都亡了，降将连自己的旧主都不愿意效忠，难道会甘心效忠你?

再说大家都知道，做内应是最危险的，也是最容易被牺牲的。这些人刚过了几天安稳日子，而且刚跟着新主子敲了一大笔钱回来，干吗还要苦哈哈地跟着你作死?难道你宋朝的口碑很好吗?

所以，两个人毫不犹豫地把宋钦宗给出卖了。金国人这边也是刚把金银分完，正琢磨着再找机会南下打一次秋风呢，这下可好，连理由都不用找了，那就赶紧组织大家伙儿再去人傻钱多的地方走一趟吧。

于是大家又兴致勃勃地出发了。

这一次金兵的进展就顺利多了，尤其是西路军，也就是走山西的那一路，毫无压力地把之前连续围了二百五十多天的太原城给打了下来。

再牛的城池被连续围了那么长时间之后也会觉得精疲力竭，更何况这个太原城早已今非昔比，能撑这么久已经是很不错了。

本来听说两国和谈了，太原城的军民都暗地里松了一口气，觉得总算是熬出头了，可是盼星星盼月亮地把朝廷使节盼来了，一张嘴却是要把太原连人带地割给金国。

这个消息对士气的影响是极大的，也注定了太原迅速城破的命运。从此开始，这座中原王朝抵御游牧民族的北方传统重镇，就一直被游牧民族政权所把持，直到几百年后的朱元璋北伐，才又重新回到了中原王朝的手里。

太原的陷落还带来另一个严重后果，那就是这一路金兵完全腾出手来，沿着山西的汾河谷地南下，渡黄河，取洛阳，最后彻底封锁住了陕西的潼关。这一招使出来，就把上一次帮了大场子的“西军”完全困在了陕西的关中平原上，再也无法入京勤王了。

其实就算能出得了潼关，估计这支军队也没多大动力再去跑一趟了。热脸贴人冷屁股的事情，干一次就够了。

金兵的东路军进展也非常顺利，像半年前一样，几万铁骑一路驰骋南下，基本没有遇到什么像样的阻拦。直到他们再次赶到开封北边不远的黄河防线时，才猛然发现，原来宋钦宗并不是什么准备都没做。

搭眼一看就能知道，对面守河的部队居然比上次多了好几倍！

这可怎么办？

金大爷们发愁了。可是宋朝的守河部队仍然是非常体贴的，他们又像上次一样，送了金大爷们一个大大的惊喜。

是的，你们没有猜错，还是在一夜之间，十几万的官兵再次跑了个干干净净，速度和激情都表现得十分稳定。

说白了，虽然这支部队的人数增加了，但是本质上没有发生任何变化。上次逃跑的那些人后来也都安安稳稳地回来继续当兵了，连个装模作样的惩罚都没有。那么，既然上次跑了都没事，这次又为什么不跑呢？

只可惜他们没有意识到，这次他们遇到的会是一次亡国之战，而不再是一次普通的蛮族劫掠。而国都亡了，谁还会再喊你们回来守河呢？

所以，当开封城被金兵攻破之后，这些目光短浅的大头兵就只能无奈地散进周边的山林，成了打家劫舍朝不保夕的“贼寇”，成了夹在官兵和敌人之间的第三股力量，直到再遇见一次新的契机，被流亡的朝廷整建制地招安到江南去。

还有一些彻底没有骨气的，干脆就地投降，幻想着直接再去金国当兵吃粮。他们以为不管在哪里当兵都是一样的，只可惜，你身为大宋子民，在宋朝的时候还能被人喊一声“军爷”，可是到了金国，就只能去当低人一等、死得最快的“炮灰”了。

经过如此顺利的渡河战役之后，两路金兵很快就会师在开封城下，总人数达到十五万。上一次来的金兵只有六万人，只能攻击开封的一部分城墙，而这一次，他们已经有足够的力量把整个城围起来。

史书记载，这一年的冬天出了奇地冷，开封周边大雪不停，阴霾连月不开，很是一派亡国的光景。

金兵开始攻城的时候是农历的十一月，天气已经非常寒冷了。为了弥补兵员的不足，宋钦宗再次动员全城百姓上城御敌，据说很快又有几十万人应召。

这也不稀奇，因为前面提到过的原因，开封城里长期保持着几十万规模的无业游民，而且因为金兵围城，他们正发愁没有过冬的营生，现在朝廷让你去当差，当然就乐呵呵地去了。只不过这些人都不是正规的军人，只能算是见风使舵的投机者，如果城池一直安稳无恙还好，一旦城破，他们转脸就会变成杀人越货的乱兵，想管都难。

不过此时这些问题都还只是潜在风险，暂时还可以不去考虑。目前的首要问题是，守城的人数上来了，战备物资又不足了。最主要的就是御寒的棉衣不足，很多守城的军民还穿着秋天的衣服站在城墙上面吹西北风，冻得连兵器都拿不起来。

朝廷缺钱，肯定没有提前备上那么多的御寒衣物，而且今年是特别冷的一年，又赶上打仗，城外供货的道路早都断了，城里的市场上有钱也买不到棉衣，所以没过几天，军队里就出现了哗变的迹象。

不得已，宋钦宗连续三天登上城墙安抚军队，许下各种空头承诺，并且要求所有皇亲国戚捐献衣物粮食，最后连皇后都带着宫女们给士兵缝制御寒衣服，总之就是想尽一切办法鼓励士兵和民众守住城池。

但是，老天爷就像存心捉弄他们一样，大雪居然连月不绝。

这种情况很快又带来一个新问题。

我们经常夸耀说开封是当时全世界最大的城市，鼎盛时期有一百五十万人口之多，听起来非常令人羡慕，但是大家有没有想过，这一百五十万人每天需要消耗多少粮食和柴火，又会产生多少生活垃圾呢？

以前靠着繁荣的商业贸易网络，全国各地都能接连不断地向开封输送资源，但是现在开封城被围住了，那就任何的物资供应都不存在了。

所以，城里很快就出现了饿死人和冻死人的现象。而人性本就如此，一旦在资源分配上得不到满足，就会按照最原始的弱肉强食法则来处理。更何况，开封城里本来就聚集了大批的失地农民，他们如果不想活活饿死，那就只能靠自己的拳头来说话了。

这个现象在金兵攻破开封外城的时候表现到了极致。

其实如果不出现意外，以开封城现有的城防工事，是完全可以坚持一段时间的，起码不会连两个月的时间都守不住。但是年轻的宋钦宗实在太想迅速打败敌人了，受了一个江湖骗子的蛊惑，以为他真的能请来所谓的神兵退敌，所以非常鲁莽地把开封外城墙上的守军全部撤了下来，然后大开城门，派出了奇装异服的所谓七千七百七十七名“正元甲兵”。

可怜这些被告之将有神兵附体的普通士卒，稀里糊涂地穿上花盔甲出门迎敌，以为自己会变得刀枪不入，结果却连敌人的样子都还没看清楚，就被习惯了寒冷气候的女真人砍瓜切菜一般冲杀了个干净。

后面的事情就顺理成章了，原本被征召守城的兵民再也没有了任何斗志，扔下武器迅速朝城里溃败，而金兵则全面占据了开封的外城城墙。

这一晚，是开封百姓噩梦的开始。

最初的混乱还不是因为金兵作乱，因为金兵占领外城的时候天色已晚，根本没有机会进入内城。但是，原本驻守城墙的几十万散兵游勇溃败下来，特别是那些临时从城内征召的无业游民，本身就带有土匪流氓习气，所以干脆一路打家劫舍，把城内破坏得一塌糊涂。更可恶的是，这些人不光是自己抢劫，还自告奋勇地充当金兵的向导，平时跟谁家有仇，或者眼馋谁家的钱财，这就成了一个报仇的机会。

一时间，原本繁华无限的开封城变成了人间地狱。很多人家不堪受辱，举家放火自焚。

据记载，那几日光是聚集到城内大相国寺避难的难民就有数万之多，因为没有足够的物资可以收容他们，一个晚上居然冻死了近万人，悲号之声连夜不绝于耳。

百姓如此，宋钦宗也没好到哪儿去。外城被占了，他和他爹宋徽宗就彻彻底底地变成了笼中之鸟，悲惨的命运自此开始。

而金兵也终于发现，这座开封城实在是太大了，用外科手术一样的方式挨家挨户去劫掠，实在是太费力气，于是他们干脆占住外城，派人通知宋徽宗到金营来“议事”。

金兵的本意是扣宋徽宗作人质，然后让宋钦宗这个在位的皇帝帮他们在城里搜刮钱财，可是时事已经到了这种关头，宋钦宗居然还在担心金兵会在城外把他爹重新立为皇帝，所以坚持不让宋徽宗前去，而是自己跑去了金营。

金兵见到宋钦宗很是意外，不过他们坚持认为，在搜刮钱财这件事上，过了气的太上皇还是没有正在位子上的皇帝好使，所以扣了三天之后，还是把宋钦宗放了回去，免得耽误了正事。

但是在放宋钦宗回城之前，他们逼着这个年轻的皇帝亲自写了降表，还举行了受降仪式，让他面向北方金国的方向跪拜。

对于当时中原王朝的士大夫来讲，气节是最不能失去的东西，甚至比自己的生命还重要。而作为一国之君，尤其是对于刚刚即位不久的血气方刚的小伙子来说，就这样被敌人掐住脖子跪拜敌国君主，那种心理上的打击是很难用语言去形容的。

更何况身边还有十几万敌兵在指指点点，还有亲随近臣难过得趴在地上号啕大哭。

宋钦宗那一点点可怜的自信就在这个屈辱的过程中被摧毁殆尽，然后彻底沦落成金兵“搬空”开封的工具。

随后的一个半月里，开封城内各种行政机器都高速运转了起来。这次金兵提出的价码是黄金一千万锭、白银两千万锭、绢帛一千万匹。

其实数字已经无所谓了，金兵的意思就是把城内所有的财物都榨取出来，一点儿也不剩。

于是那些平时就习惯于欺压百姓的官吏开始了最后的疯狂，开窗破门，锱铢必较，连妇女耳朵上的耳环、手上的戒指都不放过，拢在一起熔成金块银块，络绎不绝地送往金营。

可就是这样，也远远达不到金兵所要的数字。

金兵虽然心知肚明，可还是要摆出一副公事公办的样子，先把负责敛财的几个宋朝官员拉到城门口砍了脑袋，然后“好心好意”地给新安排的官员出主意：

没钱了，人也行。

于是皇室的妇女、大臣的家眷，以及百姓当中稍有姿色的女子，都被一股脑儿地装上了大车。旁边还有宋朝官员煞有介事地点名计数。

因为据金大爷们讲，身份不同的女子，价码是不一样的，可以直接抵扣原来清单上亏欠的数字。这些新任的官员为了保全自己的脑袋，甚至不惜把自己的妻子女儿也都送上了大车。

难怪有人说，越是危急时刻，越能显示一个人的本性！

这些女子被送到金营的下场是可想而知的，然而，这仍然不是悲剧的全部。

人搜得差不多了，下面就要向皇室伸手了，而这些东西是不能指望宋钦宗安排的，只能靠自己动手。

于是金兵随便找了一个理由，约宋钦宗再去一次金营。这次显然就是要扣人了。

宋钦宗倒也不傻，知道这个时候去金营绝无再回来的可能，所以叫来自己的亲随，嘱托他们招募几百名勇士，带皇太子出逃。

可是眼下的开封城已经如同铁桶一般，连外城都掌握在金兵手里，又能逃到哪里去呢！

把宋钦宗抓到手里之后，金兵紧接着就派人冲进皇宫，把宋徽宗、皇后、太子、公主、妃嫔、宫人以及各色工匠、杂役等都抓了出来，捆在一起押往金营。

当然，他们还顺便把皇宫里能搬走的东西都搬走了，其中有很多重要的典籍、字画、礼器、档案，都被混在一起搬到城外。其中感觉还能继续用的，就被他们捆吧捆吧塞上大车，准备拉回东北老家。而那些看起来华而不实的东西，哪怕是几百上千年的孤本和字画，只要自己感觉用不上，也都敛吧敛吧扔进火堆里烤羊肉了。搬运之后的大宋皇宫，基本上就是一副家徒四壁的样子，宋朝皇室积累了一百六十多年的家当为之一空，完全就是经历了一场莫大的浩劫。

东西到手了，工具就没用了。金兵统帅随即宣布废除宋钦宗的帝位，立一个原来负责和谈的大臣张邦昌为“大楚国”皇帝，留在开封主持这个刚刚设立的名叫“大楚”的傀儡政权。

从这一点上可以看出，金兵这次纯粹就是来抢劫的，根本没有做好灭掉乃至吞并宋朝的准备。所以，当自己想要的东西都到手之后，他们想的头等大事是赶紧拿着钱回老家去享福，而一点儿都没有认真考虑过，应该如何经营新拿到的统治权力。

而历史已经反复证明了，在征服一个封建王朝的过程中，皇帝这个工具是最好用的。

就在金兵围城期间，开封周边已经慢慢地又聚集起了几十万的勤王部队，已经开始要对金兵形成威胁了。但是就在这个时候，金兵逼着宋钦宗下了一道严旨，告诉他们全都待着别动。然后就果然没有多少人敢动。

只有一个人看清了问题的关键，并且动了。

因为他明白，此时动得越凶，皇帝就越安全。相反，你越是听话，金兵就会越发肆无忌惮。

这个人就是老英雄宗泽，他的历史意义在于不仅一力保存了宋朝皇室的血脉和国祚，而且差一点就把金兵给赶了回去。只可惜，宋军当中习惯于明哲保身的将领实在太多了，没有人愿意和他一起冒这个险，而且老英雄毕竟年事已高，很多事情也是有心而无力了。

就在金兵围城之前，宋钦宗派自己的弟弟康王赵构，也就是后来的宋高宗去金国议和，走到半路的时候，就是被这位老英雄苦口婆心地拦下了，若非如此，宋徽宗的儿子就彻彻底底地被金国一网打尽了。

后来开封城破，老英雄率几千人反复冲击金兵营寨，想要苦心挽回局势。几千人面对十几万金兵，接连十三场战斗都胜了，形势一片大好。但是当他转头招呼大家一起上的时候，居然没有任何一个人愿意回应他。大家就这样眼睁睁地看着源源不断的金兵从容不迫地围剿着老英雄的部队，最终又把宗泽打败。

大家选择不理会，最主要的原因还是看到了宋钦宗下的那道严旨。自宋朝建立以来，抗旨对于武将来说就是一等一的死罪，尽管金兵已经攻破外城，尽管宋钦宗已经被金兵捏在手上，但是他说的话仍然是圣旨，在宋朝军民心中还是很有分量的。

所以我们不妨试想，如果金兵能一直牢牢把持着宋钦宗以及他手下的国家机器，再加上些谋略和时间，说不定宋朝就顺理成章地并入金国了，也就不会再有宋金两国的长期拉锯战了。但是不知道哪个短视的金大爷偏偏提议废掉宋钦宗，这一废不要紧，就给后来的赵构登基创造了条件。如果宋钦宗一直在皇位上进行名义上的统治，其他人就算想要登基号令天下，那也是名不正言不顺的。所以说，这一招只是逞了一时之快，却断送了大好形势，对金国来说是一招典型的臭棋。

办完废立的事，金国人就开开心心拉着比上次丰厚许多倍的财物，驱赶着一支十多万人的队伍出发了。

这十多万人里有一支三千多人的小队伍，因为他们刚上路的时候衣着华丽，所以在整个队伍当中十分惹眼。他们就是前面提到的、金兵在皇宫里抓到的赵氏皇族。

其实真要对比起来，他们甚至可说是这次围城事件中最凄惨的一个群体。

这些人本来都是凤子龙孙，生下来就锦衣玉食的，没受过什么苦。而眼下金兵对待他们，就如同对待不值钱的奴隶一样，看哪个男的不顺眼，跟上去兜胸就是一刀，看哪个女的顺眼，一把就拉回自己的帐篷，任谁在外面哭天抢地都没用。而且这一路上，谁的命长谁的命短都是很随机的，因为金兵绝对不会给他们准备足够的物资，更不会安排医生给他们看病，金兵只要保证宋钦宗和宋徽宗是活着的就行了，其他人死了都算意外。对于这些凤子龙孙来讲，这种遭遇完全是从天堂一脚踩进了地狱。

当然，对这种感觉体会得最为强烈的，还是队伍当中的宋钦宗和宋徽宗两个人。

从原来的威风八面，到现在只能眼睁睁地看着敌人欺凌自己的子女亲眷，那种感觉真的不是人间惨剧几个字就足以形容的。

这伙人一直从开封走到黑龙江，走了一年之久。中间路过金国首都的时候，两个被废的宋朝皇帝还让金国人狠狠侮辱了一把：让他们裸露着上身，披着羊皮，到完颜阿骨打的庙里去行所谓的“牵羊礼”。

而就在几年前，宋徽宗躺在开封城温暖的宫殿里，还在像看待不开化的蛮夷一样，看待这个稀奇古怪的同盟者的名字。他哪里能想到，自己有一天会以这种身份跪在他的牌位面前！

这个皇族队伍经过一路冻饿伤病后所剩下的人，也最终在金国的首都被彻底瓜分了。幸存的男人被正式发配成奴隶，女人则大多被集中在一个叫作“洗衣院”的地方。

不要以为这真的是个洗衣服的场所，说白了，这里就是金兵的妓院，只要有钱都能来。

而那些被圈禁在洗衣院里的女子，就真正过上了叫天天不应叫地地不灵的日子。

宋钦宗和宋徽宗被安置在一个更为边远的叫“五国城”的地方。

而且金兵是绝对不养闲人的，要吃的要喝的要住的都得自己去干，没人伺候你。于是，两个大宋朝的皇帝就直接变成了农夫，每天自己动手盖房子、种地、缝衣服、做饭，过上了自力更生的日子。

宋徽宗在金国又苟活了八年才病死，据说他死后，金兵把他的尸体强行点火烧到半焦，再拿水浇灭，扔到一个事先挖好的大坑里，最后拿坑里沤出来的液体作灯油。

这些负责看守的金兵应该没那么大的兴趣去侮辱宋徽宗的尸体，所以很大的可能是他们真的需要这些灯油。由此可见，当时宋徽宗他们的生活条件是何等的艰苦。

而更惨的是宋钦宗，他在这种环境下挣扎存活了三十年。现在想来，支撑他活下去的念想儿只能是有朝一日可以回归故土。

但这终究只是一个念想儿。

据说当宋金两国再次达成和议，金国答应把宋高宗的生母送回临安的时候，宋钦宗曾经死死地拉住车轮哭诉，只希望她能敦促宋高宗把他也要回去。

直到这个时候他还没有想清楚，宋高宗这辈子最不想看到的事情就是宋钦宗回来。原因很简单，因为宋钦宗也是皇帝，而且即位在前，如果宋钦宗回来了，宋高宗是不是就要退位让贤了？

即便宋钦宗已经没有了这样的威望，那是不是也会成为宋高宗政敌的拉拢对象呢？自己的皇帝当得好好的，干吗非要在身边养一个随时会爆炸的备胎呢？再说了，你觉得宋高宗会对这个同父异母的哥哥有多深的感情吗？你忘了当初是谁把还是康王的宋高宗送去金营议和的？

于是，宋钦宗就在这样的盼望与绝望之间挣扎了三十年。关于他最后的死法，历史上有很多不一致的记载，最离奇的是说他和辽国的末代皇帝被安排在一起打马球比赛，那个末代皇帝企图纵马逃跑，被金兵发现了，最后连同宋钦宗一起都被乱箭射死，然后又被马蹄踏成了肉酱。

像这种说不清前因后果，却又很具备市井戏剧气息的桥段，很难让人相信它真的存在过，并且还能被人如此执着地传播出来。而从宋钦宗的生存环境和精神状态推测，他有很大可能是病死的，至于死后有没有被做成灯油，就真的无人关心了。

“靖康之变”标志着北宋的结束。宋钦宗被金兵废黜之后不久，之前提到的宋高宗赵构，在宋朝的南京应天府，也就是今天的河南商丘登基即位，他就是宋朝的第十位皇帝。

因为金兵把开封城里的直系皇室给一锅端了，赵构就成了宋徽宗唯一幸存在外的儿子。虽然他既没有宋钦宗的传位诏命，也没有传国玉玺，甚至连像样的宫殿也没有一座，但是由他来当这个皇帝，在外人看起来似乎也挺在理的，毕竟他是宋徽宗的儿子。

当然，这个推论的前提是宋朝还能继续存在。

那么，宋朝还存在着吗？教科书里不是说北宋就此灭亡了吗？

这里需要区分一个概念。历史上所谓的北宋和南宋，只是史学上为了研究的方便而作的名称区分而已，事实上没有任何一个宋朝人会有这样的概念。虽然首都沦陷了，但是宋朝的大部分领土还在，各级的政权建制还在，各地的军队也还在，所以严格地说，宋朝并没有因为首都的沦陷而灭亡，宋高宗继承的仍然是宋朝的正统，他仍然是大宋王朝的皇帝，只不过它的中央政府长期放在一个叫临安的地方而已，所以才被后人称为南宋。而我们经常所说的北宋亡国了，其实是一种并不严谨的说法，很大程度上是为了形容“靖康之变”的惨烈，大家能够理解这个意思就好。

而且，宋朝立国三百多年，从头到尾只确立过一个首都，那就是开封。而临安，也就是今天的杭州，它的身份一直只是一个“行在”而已，说白了，就是帝王的临时驻扎地。

当然，这种做法只是宋高宗及之后历任皇帝，关于收复失地的一种信誓旦旦的表态而已，并没有太多的现实意义。

宋高宗即位的时候已经是公元1127年的五月份，这个时候金兵北返已经有两个多月，之前我们也提到了，金兵在开封留下了一个“大楚国”的皇帝张邦昌。

张邦昌是个老实的倒霉蛋，他本来是个挺本分的大臣，就因为得罪了一个同僚，结果在金兵公开询问谁可以当这个傀儡皇帝的时候，那个同僚直接就把他推了出来。

大家别以为当皇帝就是好事。前头说了，这个时候宋朝还在，如果你当了金国封设的傀儡皇帝，等金兵走了，死得最快的人就是你。

张邦昌也不傻，但是他没有别的办法，本来就是个傀儡，哪还能有什么拒绝的权利！

为了不死得那么快，他在听说赵构登基的第二天，就着急忙慌地带着传国玉玺跑去送礼了。

赵构也很高兴，因为他终于有了当皇帝的凭据。

话说金兵真的是有眼不识货，当初抢劫皇宫，连各种天文仪器都给搬走了，偏偏就没有把大宋的传国玉玺给捎带着抢走。大概在他们看来，这只是个办公的印章而已，远远不如同等重量的金银值钱，还是留给张邦昌办公用吧。

这就最终便宜了宋高宗。

但是，这并不意味着从此摆在他面前的就是一条光明大道，事实上，他和身边并起的各路“贼寇”没有什么两样，有些“贼寇”的声势比宋高宗还要更大一些。

比如，这个时候的河北地区就有两股势力，一股三十多万人，一股七十多万人，都是在兵荒马乱的过程中拥兵自立的。关于他们首领的名字，这里就不明说了，主要是免得大家去记。

除此之外，在从幽州通往开封的交通要道上，还有金兵留下的几支看守部队，占据着之前攻下的城池作威作福。还有一些没有受到攻击的地方，大宋朝的官员们不知道该怎么办，索性拉起队伍关上城门等待局势明朗。

总之，当时的黄河两岸错综复杂地盘踞着各种势力，都想着趁机能捞上一把。宋高宗不过是他们当中最为名正言顺的一支而已，如果论实力，他肯定不是最大的。

因为这个原因，尽管宋高宗骨子里铁了心想要和金国和谈，但是在此刻还是免不了要先喊一喊口号，至少要先在口头上占一个报仇雪耻的大义，才好收拢宋朝上下以亡国为耻的民心，进而迅速壮大自己的实力。

他做的第一件事，是起用李纲这个主战派的代表人物。

关于李纲这个人也需要客观地看待。按一般的说法，第一次开封保卫战能打赢，就是因为用了李纲，而宋钦宗之所以亡国，就在于他没有用李纲。

但李纲不是救世主，就如神话般的诸葛亮，他一个人也不能决定大势的走向。

这次李纲被起用，并没有收到天神降临一般的效果，虽然他在短短七十天在位时间里表现得很勤奋，但最终还是被宋高宗给嫌弃了。

为什么明明李纲很重要，宋高宗却连三个月的时间都忍受不了呢？

那也一定是有原因的。

据记载，李纲至少在两件事上惹了宋高宗不高兴。

第一件事就是力主诛杀张邦昌这个“大楚国”的皇帝。这件事在道义上没有问题，但是很显然在当时的状态下是不太合时宜的。

因为首先张邦昌是被迫当上这个“大楚国”皇帝的，如果他当时坚持不当，自己的小命没了还在其次，关键是开封城里没了秩序，就肯定会再多乱上一阵子。不仅如此，他还及时把宋高宗最在意的传国玉玺给送了过来，可谓解了宋高宗的燃眉之急。像这样的“功臣”也要诛杀，你这是成心难为我啊。

而最关键的是，此时宋高宗的羽翼还不丰满，还必须做出一些姿态来收拢人心，如果连张邦昌都要诛杀的话，你还能让其他人安心归顺吗？在这种乱世，哪个拥兵自重的没点儿所谓的污点罪证，如果被招安了还要提心吊胆，说不定哪天就突然被咔嚓了，人家脑子进水了才会带着七十多万人来投奔你。

可是李纲最后还是催促着宋高宗把张邦昌给杀了。相信这样的做法肯定不会给宋高宗留下什么好的印象。

第二件事是没摸清楚宋高宗的真实心理。

话说宋高宗那可是亲身经历了第一次围城事件的，后来又耳闻了父兄家人的惨状，加上一些不可避免的添油加醋，导致他本就弱小的心灵已经深深埋下了恐惧的种子，恨不得能跑得离金国越远越好。而李纲呢，他在华北地区还乱成一锅粥的时候，却力主宋高宗还都开封，而且还学前人对付宋仁宗的那一套，你不答应就拉着袖子不让走。

还都开封？你说得轻巧！你以为黄河两岸那些四处游荡的都是兵马俑吗？这个时候让我回去，你是把我当成什么了？像宋真宗一样的赌注吗？或者，你是想让我快点去金国和我爸我哥团聚吗？

估计当时宋高宗宰了他的心都有，只是忍住了。

而李纲也很快就被免职了。一个忠君爱国的英雄，最终败在了昏庸的皇帝面前。

李纲这七十多天里唯一的贡献，可能就是推举了宗泽老英雄担任开封留守。

后来的事实证明，宗泽是最适合担任这个职务的人选。只可惜，他上任的时候已经快七十岁了，已经经不起某些人的折腾了。

面对那样一个摇摇欲坠的局面，老英雄力挽狂澜，迅速稳住了大局。他只用了不到两个月的时间，就把开封周边打家劫舍的土匪剿灭一空。同时，成千上万流离失所的难民得到了安置，千疮百孔的城池得到及时修补，农业和商业生产也开始慢慢恢复。除此之外，他还凭借多年的作战经验，在黄河两岸迅速构筑起一系列的防御工事，重新打造出一条拱卫开封的钢铁防线。

不仅如此，老英雄还把开封周边的所谓“贼寇”都成功地收拢到自己身边，包括上文提到的那两支超大规模的部队，也都心甘情愿地投奔了过来。一时间，宗泽麾下拥兵百万，而且都是饱受战乱之苦的北方人民，报仇复国的心态比较统一，如果此时能够集中力量北伐，未必不能一鼓作气击败金国。

但是老英雄毕竟远在前线，他也没看懂宋高宗的真实心理，所以也屡次上疏，请求宋高宗到开封来指挥复国大业。

宋高宗始终都没有正式答复这个提议，而且事实情况是，老英雄越是上疏，他就跑得越远，最后干脆一口气逃到扬州去了。

为什么要去扬州呢？

因为扬州就在长江边上，逃到对岸去比较方便……

他已经被“靖康之变”的惨状吓破了胆，只说这个喊他回开封指挥复国大业的宗泽，那在宋高宗的眼里也是一个武将啊。你说你拥兵百万，让我只身一人去找你，那不就彻底成了你的玩偶吗？你要是真的忠君爱国，就该自己到扬州来面圣，然后把军权交给我放心的人。现在你仗着人多就想喊我回去，你你你……你是想造反吗？

话说到底，一切还都是因为宋朝皇帝对武将带兵那深入骨髓的戒备之心，让宋高宗看这些一心复国的武将，一个个的都像是要夺我大宋江山的二五仔一样。

可怜老英雄为国呕心沥血，却还要无端被宋高宗猜忌，一时间急火攻心，直接就病死在开封城中，复国的大好形势瞬间逆转。

这里并不是要刻意夸大宗泽的个人作用，而是因为在当时，他确实在各方力量之间起到了不可替代的连接作用。开封周边能够转危为安，百万“贼寇”能够一朝反正，除了民族大义的大势所趋，一个很重要的连接点就是老英雄的个人魅力和辛苦作为。现在这个连接点被扭断了，很多原本可以发挥正面作用的因素又都纷纷离散了。

宗泽死后，宋高宗派了一个老兵油子来主持大局。这个人非常明白宋高宗的意图，所以处处表现出对这些被招安“贼寇”的不信任，老英雄辛辛苦苦聚拢起来的人心，很快就被他败坏了个干净。

势头变了，金兵立刻抓住时机，再一次出兵围攻开封。但是这次的仗根本就没打起来，因为这个老兵油子直接就跑掉了。

开封就这样再一次地沦落到金国人手里，被金国建成了自己的“南京”。

常言说，无巧不成书，有些事情听起来虽然离奇，却仿佛真的在冥冥之中早已注定。

就在一百多年之后，蒙古大军也像金兵一样兵临金国的“南京”城下，他们也像金国人对待宋朝皇室一样，先是督促着金国人把城里的财物搜刮了个干净，然后又把金国皇室的几千人，连同各类工匠和物资一起，从开封劫掠到了遥远的北方草原。

而金国皇室的惨状，与宋钦宗、宋徽宗他们的遭遇差不了多少。虽然北方曾经是他们的老家，但是经过一百多年的融合，他们早就变成了区别不大的汉人，所以这场时隔一百多年的惨剧，完全可以用“重演一次”来形容。

古人常说，世道有轮回，而不知道为什么，这种轮回的意味，在宋辽金夏的这几百年里表现得尤其明显。

我们再把目光转回这个时候的开封城。主帅跑了，剩下的所谓“贼寇”们群龙无首，就重新变成了一盘散沙，各自回到自己的地盘上去分散打游击，最后被金兵逐个击破。

而黄河沿岸原本观望的那些州县，这个时候不是主动投降就是被攻陷屠城，全都被势头正盛的金兵彻彻底底地清洗了一遍。

女真人终于想明白了，他们已经放弃了过去“抢一把就跑”的工作模式，准备亲力亲为地在中原大地上搞长期统治了。不仅如此，他们还准备一直打到江南去，把唯一漏网的宋高宗也抓回来，送到五国城去给他老爸老哥做伴。

只可怜皇皇复国大业，竟然如此轻易地就毁于一旦。

不过天道长存，宗泽老英雄在无意中做的一件事，却使得他的遗志被非常有力地继承下来。

那就是发现并培养了岳飞。

话说当时岳飞还只是一个小头领，因为违反了军纪，估计也就是粮草不足带人抢劫之类的，运气不好被抓了现行，绑在刑场里准备砍头。宗泽那天正好去监斩，可能当时心情还不错，看到岳飞长得挺帅，颇有自己年轻时的风范，就忍不住上前聊了几句，这一聊不要紧，老英雄发现眼前这位居然是一个难得一见的兵法人才，于是直接松了绑收为自己的部下。

而后岳飞就跟着老英雄四处攒经验，经验和水平都噌噌地往上涨。

宗泽死后，岳飞还曾经苦劝过那个老兵油子，建议他认真经营开封防线，不可轻言舍弃，可惜全都如同对牛弹琴。两人立场不同，得出的结论肯定会大相径庭。

其实岳飞当时的看法已经比较成熟了，他认为江南虽然有一定的战略纵深，但最根本的屏障只在黄河一线，如果开封彻底失守，将会变成金国人南下的中转基地，由此发力，他们可能一鼓作气直抵江南。

说白了，以前金兵从幽州出发，走到黄河就差不多走累了，就属于强弩之末了。可是如果他们从开封出发，沿着大运河一路南下，那么战线很快就会被推到长江沿岸甚至以南，到那个时候，就算你逃到海上也躲不开他们。

估计这番话根本没过老兵油子的脑子，也许他当时正忙着收拾金银细软啥的，压根儿没有意识到岳飞此刻所说的内容，就是在预言他和宋高宗一行接下来一段时期的狼狈遭遇。

而此时此刻，宋高宗一行人正躲在繁华的扬州城里风流快活。

他从河北跑到河南，再跑到安徽、江苏，以为自己已经跑得够远了，应该已经很安全了，却完全没有料到，当开封防线被彻底击破之后，金国骑兵沿着运河沿岸长途奔袭扬州，也不过就是几天的事情。

据史书记载，当金国骑兵杀到扬州的时候，宋高宗正在后宫享乐，毫无防备，突然有武将闯进来大喊一声“金兵进城了”，吓得这个懦夫皇帝瞬间丧失了生育能力……

可这还不是最糟糕的，最糟糕的是金兵真的已经近在咫尺了，隐约之中都能听到兵器碰撞的声音，如果再不跑，恐怕就真的要被抓去五国城了。

宋高宗吓得连衣服也没有穿好，一路连滚带爬地跑到长江边上，然后搭眼一看，我去！朕的御船呢？怎么没了！

估计管船的将领也没料到金兵这么快就会杀到扬州，不知道此刻把御船私自调到哪里喝花酒去了。

没办法，宋高宗一行只能沿着河边一路逃命。好在天不绝宋，终于让他们在天亮之前找到了一条小船，载着几个人狼狈不堪地渡过长江。

据说当时的场景极其凶险，小船才启动不久，金国的骑兵就紧跟着追到了江边，双方只不过差了几分钟。

金兵没有船，只能眼睁睁地看着宋高宗几个人渡过江去。

从江南上了岸，宋高宗君臣充分发扬了连续逃跑的精神，又一路向南跑到杭州，这才稍稍安顿下来。估计是身后只有一条长江还觉得不踏实，非得再加上一条钱塘江，才觉得足以安慰那颗方才跳跃不已的小心脏。

而此时的长江北岸……或许对宋高宗来说都已经不重要了，除了自己这条命，其他一切都是假的，自己的臣子是假的，民众是假的，禁卫军是假的，宫女太监也是假的，就连刚才还搂在怀里的爱妃也是假的。总而言之，一切都是可以抛弃的，而他们会遭遇些什么，就只能装作不知道了。

总算是离金兵远一些了，宋高宗顿时感觉安心了许多，下旨把杭州升格成临安府，准备在这里长期住下去，甚至都开始准备建造宫殿了。可惜，上天似乎已经提前标注了他颠沛流离的命运，偏偏不愿意让他安生几天。

就在金兵被长江阻隔的这段日子里，宋朝皇帝一直以来最害怕的事情终于发生了，虽然最终并没有造成太严重的后果，但也进一步坚定了宋高宗防范武将的决心，甚至岳飞最终的被害都能和它扯上些许的关系。

因为真的有武将造反了。

说起来这也不算个大事，有两个跟着宋高宗一起渡江的低级武将，自以为护驾有功，眼巴巴地盼着皇上早日降下封赏。可宋高宗压根儿就没记起自己的随从中还有这么两个人，就算记起来了，可能还觉得那天在船上挤着自己了呢，所以根本就没萌生过给他俩加官晋爵的打算。

于是这俩头脑简单的武将脑子一热，就搞了次“兵谏”。

这个词说起来好听，实际上就是造反，但可笑的是，这两人还真的以为自己是在“谏”，所以干了很多让人啼笑皆非的事。

比如，他们带兵逼宫，目的居然是让皇帝给他俩封个大官！

你说你都逼宫了，再得了个官，还有意义吗？

后来两人的脑子好像转过来一点了，或者是有明白人给他俩指点了，居然想起要逼宋高宗退位，然后立了三岁的皇太子当皇帝。

这一招说起来还稍微像点样子，可是这两个笨蛋，没撑多久又让宋高宗复位了……

这说明两个人根本没弄清楚局势，还幻想着能和宋高宗和解呢。

更扯的还在后面，当各地的部队来攻打临安勤王救驾的时候，两个人一看打不过，赶紧跑到皇宫里头，逼着宋高宗现场赐了两块“丹书铁券”，然后抱着两块大铁片出城逃命去了……

这两人估计是戏文听多了，脑子听得傻了，还真的以为这两块铁片会有用。他俩也不想想，什么叫“丹书铁券”？说白了就是你和皇帝之间的契约。且不说皇帝愿不愿意讲这个信用，就算他是个讲究人，你说他傻啊他会跟两个想撸自己下台的人讲信用？

但凡有点脑子，就该把宋高宗爷俩绑起来扛在马上再逃命，什么样的大铁片儿也不如实打实的皇帝皇太子好使。

这个事情持续的时间不长，但是却带来两个很明显的后果。

第一个后果是唯一的皇太子，虽然逃过了绑架，但是因为受的惊吓太大了，一番折腾之后，最后居然给活活吓死了。

大家可看清楚了，这是唯一的皇太子。前头咱们不是刚说过，我们的宋高宗刚刚给金兵吓得绝了育吗……这下可好，彻底完犊子了，大宋朝居然没有皇位继承人了。

说起来我们的祖先也是挺懂得变通的，没有儿子了，那总还有兄弟姐妹吧？表兄弟姐妹也行，侄子外甥也行，实在没有，再远点儿也行。

可是此刻的宋高宗真的是要啥啥没有了。要说有，可但凡关系近点儿的，那都给困在金国呢，就跟没有一样。而再往远了扯，又似乎没有必要，那些个散落在各地的早就出了五服的所谓亲戚，从他们之中找人来承继大统，跟从街上随便划拉个姓赵的人来，又能有什么区别？

第二个后果是宋高宗对武将彻底失去信任了。本来这老哥骨子里就遗传了猜疑武将的顽固基因，这次再加上一堂生动的实践课，得了，啥都甭说了……

所以，当金兵渡过长江，再一路杀到临安附近的时候，宋高宗放着西边有重兵防守的几大军镇不去，却铆足了劲儿非要往东边的海上跑。

他是傻吗？因为他没得选啊！

但是，你跑到海上就安全了吗？你以为金兵不习水战，就一定是海绵宝宝吗？

话说这次金兵南下的一路上，前前后后收降了不少宋朝水军，此外还征用了一大堆的民船，水上装备一点儿都不缺，所以，当宋高宗搭眼看到身后出现的那支浩浩荡荡的金兵船队时，心理上应该是相当崩溃的。

看来这次金兵也是下了决心的，非抓住目标不可啊！

怎么办？

还能怎么办？继续跑吧！

在接下来的几个月里，宋高宗的船就一直在浙江沿海的湾湾汊汊里打转转，而金兵又铁了心非要抓住这家伙不可，于是这一场猫捉老鼠的游戏就从宁波一直玩到温州，最后还是因为金兵自己放弃了，宋高宗才勉强捡回来一条命。

话说这件事你还真不能怪金兵干事没长性，因为促使他们放弃的原因，很有可能是他们实在吐得受不了啦……

虽然你有船，可是坐船那也是个体力活啊，尤其对于这些从草原上长途跋涉过来的家伙而言，有过这次经历之后，“坐船”这个词恐怕都要成为笼罩一生的恐怖记忆了。

金兵倒也想得开，吐得受不了那咱就先回草原，反正这次东西也抢够了，大不了明年再来一次，而且说不准宋高宗这货老早就已经掉进海里喂鱼了。

于是金兵开始收拾行李，准备像前两次抢完开封一样，大摇大摆地回老家过几天好日子。可是，这次的情况似乎又有点儿不太一样了，上次是开封，还在华北平原上，离草原也不算太远，这次可是在杭州，难道……难道你们自己不觉得深入敌后太远了一点吗？

当金兵想起要回头看看来路的时候，突然非常悲摧地发现，自己已经彻底陷入岳家军直接领导的人民战争的汪洋大海之中了。

那种感觉就像是走在完全没有灯的夜路上一样，走几步被绊一跤，走几步被打一闷棍，走几步又少了几个人。从杭州到长江南岸的这段路，尽管金兵一路上都很小心，但还是遭遇了比较严重的减员。

另一个不得不说的就是大宋水师。他们在长江边上接过岳家军的接力棒，差点儿就把这剩下的十几万金兵全都淹死在江水里。

小的时候看《岳飞传》，只爱看前面的章节，因为只有前面的看着才解气，后面越看越觉得窝囊。印象中，前面章节里有一段看着非常过瘾，叫“大战黄天荡”，说的是韩世忠在黄天荡围剿金兀术的故事，而这个故事就发生在这个时候的这个地方。

黄天荡的位置就在今天南京北侧附近的水面上，估计就是江边的一个半包围式的水汊口。当时金兵北撤，本来想选在镇江附近北渡，没想到迎面碰上韩世忠埋伏好的大宋水师，给狠狠地揍了一顿。

这顿揍纯粹是实力所致。金兵之前收降的大多是小船和民船，虽然数量很多，但要是面对面硬撞起来，那和大宋水师的正规军根本没法比。不得已，金兵只能沿着河岸再向西走一走，看看能不能再找一个合适渡江的缺口。

可你能向西走一走，人家韩世忠的水师也不是吃干饭的。人家说了，你想走没关系，不过你好像不怎么认识路啊对不对，我再陪你走一程可好?

就这样，韩世忠一路“护送”着金兵船队从镇江划到黄天荡。当然了，既然是“护送”，我主动“救助”一下你们掉队的士兵和船只，没事了两条船碰碰头做好朋友，或者咱们小范围来个射箭友谊赛啥的，都是挺正常的对吧?

就这样，金兵船队又开始了持续不断的减员，而且减得越来越厉害，有很多人都是整船整船地消失的。有的时候过了一夜，本来处于中军位置的兵士，很惊异地发现自己居然变成后军了，搞得他们自己也很惊讶，后面的船呢?去打友谊赛了吗?

这种恐惧感迅速弥漫了整个军队，但是自己在明，敌人在暗，躲又没处躲，打又打不过，只能睁着眼睛挨揍。好不容易大队人马蹭到了黄天荡，抬眼一看这里居然有个半包围式的水汊口，似乎正好能把自己护住。于是金兵也没细想，凭着直觉就一头扎了进去，然后赶紧派后队把入口堵住，防止韩世忠的船队再跟进来。

可是他们不想想，韩世忠这回是进不来了，可是你们也出不去了啊。这一下倒是没人去打友谊赛了，但是人家直接把入口一堵，里面的人不就全成罐头了吗?

而事实也是这样发展的，韩世忠正发愁该怎么拦截住这帮人呢，没想到人家自己主动进笼子了。既然表现得这么乖，那就不劳烦他们费力堵口子了，干脆我找几艘破船沉在出口处，直接把河道给你堵死算了。

就是这种“闷罐头”式的对峙状态，前前后后一共持续了四十八天，而这四十八天给金兵留下了比坐船呕吐更加恐怖的人生记忆，那就是没有选择的绝望。

上岸？那还是江南，只会离家越来越远，而且那里仍然有人民战争的汪洋大海，真要上了岸，估计都不够岳家军一顿收拾的。更关键的是，如果你这次选择弃了船，回头拿什么再去过江？

冲出去？拉倒吧。之前在镇江你都不敢冲，这个时候你就敢了吗？

要不然行贿？这你可算来着了，对面那可是大名鼎鼎的韩世忠啊，他的特点是什么？那可是典型的一根筋啊，不要你钱，只要你命。

这里还可以多提一句，韩世忠之前还参加了一场大家可能比较熟悉的战争，并且干成了一件足以青史留名的大事，那就是跟着童贯大太监去征讨方腊，并且生擒了这个首领。

没错，方腊就是韩世忠亲手抓住的，跟打虎的武松也没有半毛钱的关系。那是小说，这才是历史。

话说回来，宋金两军之间的这场对峙一直持续到一个奸细的出现才告一段落。

这并不是一个有名的奸细，但是他和韩世忠不一样的地方在于他想要钱，所以，他揭了金兵的招贤榜，引着金兵从一条废弃的河道里绕经秦淮河，最后一直划到南京城西北方向的长江江面上，终于跳出了这个恐怖的包围圈。

韩世忠想要生擒贼首的愿望就此落空，的确十分可惜。因为从那以后，金兀术这个家伙再也没敢踏上江南的土地。

到此时为止，由金国主动发起的、从公元 1125 年开始的、从抢一把就走到转变为以灭亡宋朝为目的的战争，才终于算是告了一个段落。金国人终于发现，宋朝的情况实在太复杂了，好像不是那么容易就能一口吃掉的。而宋朝人也终于发现，想要把金国人从中原旧地上赶出去，似乎也没那么容易，或者说自己还没有攒够那么多的本钱。

双方又一次都打累了，只需要再有一个由头，大家就能再次坐下来喝杯咖啡，看看彼此所追求的目标当中，有没有那么一两个可以妥协的共同点。

宋高宗赵构

第七章

一心安稳的流亡皇帝

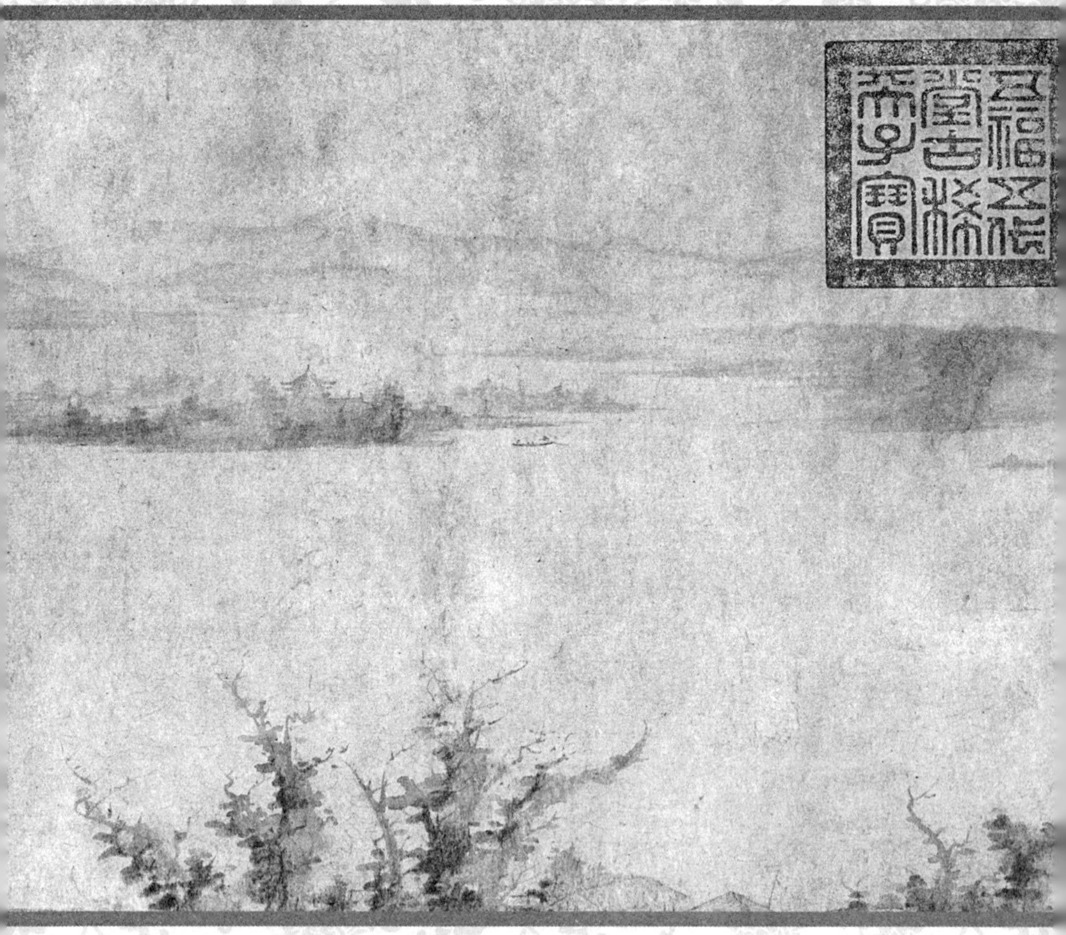

宋　李氏《潇湘卧游图》(局部)　东京国立博物馆

就在金兵北撤的同一年，发生了一件看似不大却影响深远的事情。

那就是，秦桧这个历史上有名的大奸臣从金国逃回了宋朝。

这个时间非常巧合，金兵刚刚在这年的春天吃了大亏之后北撤，秦桧在这年冬天就恰巧带着老婆逃回了临安，巧合得让人不得不联想一下，这二者之间可能会有什么内在的关联。

而且疑点不仅体现在时间上面，要知道，秦桧是靖康之变时被劫到金国去的那十万人之一，茫茫千里之遥，他一介文人居然能从东北一路跑回浙江，居然都没有被金兵发现，也没有被路人举报，而且还能有足够的盘缠吃饭赶路，这真的让人有点不可思议。

更离奇的是，你自己偷偷跑出来了倒还可以理解，你居然还能带着老婆！

要知道那十万人在当作奴隶分配的时候，那可是按个人身份分的，可不是按一家一户去分的。也就是说，秦桧和他老婆有很大的可能不在同一个地方，可就算这样，两人居然还能一起出逃，然后还成功地逃回来了！

这些都是所谓秦桧回国一事的疑点，可是都没有影响这个奸臣一路扶摇直上，迅速变成“一人之下，万人之上”的宋朝宰相。

因为什么？

就因为他拿出了关于议和的可行性方案，而宋高宗天天想着盼着的就是这么个东西。

对于整天颠沛流离的宋高宗来说，他实在太想过上不用提心吊胆的安生日子了，而几年来的流亡遭遇也让他坚信，只有和金国议和，彻底结束眼下的战争状态，才是他幸福生活的真正开始。而秦桧的出现，正好给他提供了一条明路。

为什么秦桧有这条明路？

这就只能靠猜了，但笔者固执地认为，这是因为秦桧是带着使命回来的。他的使命就是让宋朝主动提出议和方案，而且要在这个方案里使某个人的利益最大化。而这个人，就是现在金国的当朝权贵。

这个权贵叫什么真的不重要，重要的是这个时候的金国朝堂只有他说了才算。所以，尽管金国的多数大臣都不认为需要跟宋朝谈什么议和，但是他想谈，这就够了。

为什么他想谈？

因为他觉得只当金国的老大还不够过瘾，所以想把宋朝也收成自己的小弟，让宋高宗对他感恩戴德，而秦桧正好是他的奴隶，又主动向他提出了这个方案。

所以，秦桧为什么能逃回去，以及为什么恰巧是在这个时候逃回去，如果能加上这么个事件背景来联想，就很容易理解了。

但事实上，这次所谓的议和，只是宋高宗和这个金国权贵之间的一厢情愿而已。由于刚刚经历了金兵南进和黄天荡之战，此时此刻无论对金国军人来说，还是对宋朝军人来说，都拥有非同一般的自信，他们都认为自己可以完败对手，至少，我在某个领域可以完败你。

那就没的谈了。

所以，当秦桧开始推动议和这项事业的时候，实际上是面对着朝堂内外，乃至敌国上下的一致痛骂。就连宋高宗也不敢公开支持他，有很长一段时间干的都是当面吐口水，背地里塞胡萝卜的把戏。可是秦桧哪是这么容易放弃的人，你们这些凡夫俗子不愿意谈没关系，我只要知道宋高宗是愿意谈的就够了，你不愿去，我换别人去就是了。

于是，就在双方武将都憋着一股劲的背景下，双方的官方代表却在密切地进行着接触，最后非常强硬地通过了一个协议，历史上称之为“绍兴第一次议和”。

这可不是因为协议在浙江的绍兴市签订的，而是因为此时宋高宗定的年号就叫“绍兴”。

这次议和的内容对宋朝来说是非常有利的。因为那个金国权贵也想卖宋高宗一个人情，所以给出的价码也非常可观，一把就将整个黄河以南的土地都还了回来，宋高宗简直要乐疯了。

当然了，这个价码的代价是宋朝要向金国称臣，每年缴纳五十万“岁贡”。注意，这里是“贡”而不是“币”，这说明宋金之间并不是类似宋辽之间的兄弟关系，而是君臣关系，所以要用“贡”。

宋高宗虽然着急议和，但是这个臣属的身份也确实让他有点拉不下脸来，特别是金国按照协议派使臣来册封你了，你是不是得迎接呀？迎接的话是不是得下跪呀？

宋高宗显然还没有做好这个心理准备。

在这个关键的时候，还是秦桧这个擅长揣摩领导意图的人出来摆平了矛盾，他跟金使说宋高宗正在守孝期间，按礼法暂时不能出门，所以只能由他作为代表来跪接所谓“诏书”。

这样就非常完美地替领导挡了一箭。

所以，秦桧能深受宋高宗的宠信，那绝对不是没有理由的。

话说这第一次绍兴议和刚刚完成不久，那个把持朝政的金国权贵就被金国皇帝下了狱，然后很快又被自己的政敌处死了。天变了，之前的设计都得一股脑儿地全盘推翻，于是，先前憋着一股劲的金兵将领们又迅速组织大军南下，在很短的时间内就把之前还给宋朝的中原土地又统统占了回去。

虽然金兵的势头看起来如之前一样勇猛，但是实际上，这种结果只不过是因为宋军在这些新收复的土地上立足未稳、仓皇应战所致。而从之后一系列交战当中双方将士的表现来判断，此时的金兵已经大不如前，而宋军反而慢慢地百炼成钢。金强宋弱的力量对比，已经逐渐转变成宋强金弱。

究其原因，倒也不难理解，这几年金兵在宋朝人手里抢了不少财物，钱一多就怕死了，反倒比不上宋军背井离乡背负国仇家恨时的战斗意志。

而这一次的宋金对战，就是岳飞等宋朝爱国将领大显身手的机会。

当时这件事的性质是非常清晰的。金国人主动撕毁协议，宋朝为了保家卫国而奋起抗战，这让一向以投降为最高奋斗目标的宋高宗看起来也无端地生出了几分血性，在朝堂之上大张旗鼓地部署战事，这一幕在他执政的几十年间是非常罕见的。

当然，这并不能说明他就此变成了一个主战派的皇帝，他的反应如此激烈，完全是因为这次金兵的战略目标已经触动了他的底线。

在他一直以来的概念里，只要能继续当这个皇帝，地盘多丢一点少丢一点，或者钱多赔一点少赔一点的，都没有关系，总比什么都没了的好。但是这一次金兵的胃口实在太大，目标是想要彻底灭了宋朝。既然底线都保不住了，那还有什么可顾虑的！

不过，在最高统治者心里保留着这么一种底线认识，也决定了宋朝的这次抗争不可能取得最终的胜利。说到底，他组织大家抗敌，还是为了能打几个胜仗，以便能更有底气地和金国去议和。只要达到了这个目的，宋高宗就不可能再有任何开战的积极性了。

在这场高潮版的宋金战争中，岳飞和他手下的岳家军成了绝对的主力，也是绝对的主角。但是在他大显身手之前，还有一场不该被人遗忘的战役。如果真要细细评估起来，它绝对算得上这场战争中的一场兼具转折性和标志性的战役。

那就是顺昌大捷。

“顺昌”这个词大家听起来也许还比较陌生，它的大概位置就是今天的安徽阜阳。当时的背景是，金兵铆足了劲儿挥师南下，幻想着沿着运河再复制一次直插扬州擒赵构的好戏。金兵的推进速度之快，连宋朝派往开封任职的官员都还在半路上，城池就已经失陷了。

刘锜就是被派到开封任职的武将，他带了几万官兵，连同家眷刚刚走到顺昌这个地方，迎面就遇上了来势汹汹的大队金兵。

在宋朝的地界上迎面碰上金兵，这支部队的感受肯定是非常愕然的，因为两国刚刚签订了协议，貌似和平已经成为两国未来很长一段时间的主题，而且最关键的是，此行大家是准备去开封安家的，谁也没想到会在半路上碰上这样的事。

那么问题就来了，碰见敌人了，我们是逃呢？还是逃呢？或者是逃呢？

虽然当时的他们肯定看不清战争的全局态势，但是从金兵进逼的气势上，他们已经足可以做出最基本的判断了，那就是：

顺昌以北的地盘肯定是沦陷了，所以前方肯定不会再有自己人赶来支援了。不仅如此，相信还会有源源不断的金兵沿着这条交通要道聚拢而来准备进逼江南。

而后方呢？他们刚从江南过来，很清楚朝廷上下还没有得到金兵南下的这个消息，等知道之后再去组织兵马赶来，肯定也是几个月之后的事情了。

更何况按照宋高宗一贯的尿性，他还未必真的会去组织兵马呢，说不定又潇潇洒洒地扔下一切，直接驾船奔海里去了。

换句话说，他们几万人此刻正在面对的情况就是绝地和死军。按照惯例做法，此刻应该毫不迟疑地趁着夜黑风高撒丫子跑路才对。

可他们偏偏没有这么干。

为什么呢？很现实的一个因素是因为几乎每个人都带了家眷。一旦扭头跑路，十有八九就会被金兵尾随掩杀，那就只能集体变成金国骑兵的肉靶子。

刘锜他们就这样进驻了最近的顺昌城，然后迅速收拢了周边所有的百姓、粮草和战略物资，烧光了城外的房屋，砍完了附近的树木，备足了守城的军械，全力以赴应对大队金兵前来攻城。

接下来，就是体现这场战役转折性和标志性意义的地方。因为自此以后围绕着顺昌城所发生的一切战斗，都是以宋军的胜利而告终的。

第一场，在金兵刚刚赶到顺昌地界的时候，刘锜设伏抓住了两个斥候军官，得知了金兵先锋部队的驻扎地，然后半夜带了一千人去偷袭，大胜。

第二场，金兵第一波主力赶到城下，刘锜一反常态地大开城门热烈欢迎。金兵吓得不敢进攻，正在犹豫逡巡之间，刘锜突然带人杀出，直接就在阵前斩杀了数千人。

第三场，金兵其他主力陆续赶到，汇集并驻扎在城外二十里的地方。刘锜趁着天黑雷雨，只带了五百人前去偷袭，由于方法得当，引得金兵以为遭遇了宋军主力，趁着天黑互相砍杀了一夜，等到天明发现满地躺着的都是自己人，宋军却连一个尸体都没有，以为撞见了鬼，吓得又连忙后撤了一百多里。

好了，“热身赛”完了，接下来就是最精彩的桥段了。

话说这次金国的南征元帅金兀术，也就是前不久被韩世忠堵在黄天荡的那位爷，听说部队居然在顺昌这么个听都没听过的小城面前受了阻，而且直到现在为止还搞不清楚城里到底有多少守军，简直肺都要气炸了。他硬是不信这个邪，又从附近收拢了十几万人赶过来，想要给手底下这帮二货上一堂生动的示范课。

他到了城下，第一件事当然是痛骂之前的将领都是饭桶，居然在这种金兵擅长作战的平原地形上，被一个小城里的些许宋军挡住了锐气。

言下之意就是说，老子当年在长江上被人揪着打，那不是咱们的长项，输了也不丢人，但是在平原地区咱们可是一贯横着走的，你不能碾压敌人，那就是自己笨。

这个时候有个被骂的金兵将领说出了一句实话。只不过对于一直自负的金兀术来说，根本不相信这会是事实。

那个将领说：南朝用兵，今非昔比。宋军勇如昔之我军，我军怯如昔之宋军。

事实的确如此，随着时间的流逝，宋金之间的军力对比正在悄悄发生着变化，并且宋军已经在不知不觉中实现了反超，这才是决定了顺昌大捷的最根本因素。而顺昌城下，就是第一次见证这个奇迹的地方。

听说金兀术亲自领军前来，刘锜这个充满浪漫主义色彩的宋军统帅，居然主动派人去金兵大营下战书，说的大概意思就是，你们远道而来辛苦了，但是我很担心你们胆子太小不敢过顺昌城前的那条颍河，害将士们没有机会杀敌。或者这样吧，我给你们在河上造五座浮桥，麻烦你们就表现得稍微勇敢一点，行不行？

金兀术是久经战阵的老油子，知道这只是心理战术而已，完全没有在意。但是谁承想，到了第二天，颍河上面居然真的架上了五座浮桥。

过还是不过？这真的成了个问题。

他料定顺昌城肯定不会是一座空城，毕竟之前一万多人的损失是实实在在的，但是顺昌城的面积又不大，断然不会埋伏太多兵马，既然如此，那刘锜的自信又到底来自哪里呢？

正在犹豫不决的时候，身边的兵将突然接二连三地连人带马倒在地上，口吐白沫人事不省。这个时候又有部下提起前些天雨夜扎营遇到鬼的事情，让他突然就犯起了嘀咕，一时间也开始觉得是不是真的有所谓的神仙在帮助对面的宋军？

当时，女真人刚从深山老林里走出来，他们和当年的契丹人一样，最害怕的还是鬼神这两个字，如果拿一些对他们来说无法解释的超自然力吓唬一下他们，可能比迎面砍上一刀还要有效果。

其实，这些事情都不难解释。之前宋军雨夜偷袭，是因为每人嘴里含了一个竹哨，趁着打闪有光亮就吹一声，大家一听见哨声就猛砍身边梳大辫子的金兵，砍一刀之后就迅速隐藏起来，金兵在慌乱之中自己人砍了自己人，再加上偷袭的宋兵本来就只有五百人，悄悄撤走了也没人发现。

至于有人阵前口吐白沫，就更好解释了，金兵大多都是骑兵，是不是需要饮马？宋军是不是比他们更熟悉周围的水源？是不是有充足的时间下点毒药什么的？

这些事解释起来很平常，但是在当时对金军的士气就产生了很大的影响，大家以讹传讹，不一会儿各个阵脚就都显得有点骚动了。就在这个时候，宋军阵营里突然又冲出几千个全身涂了迷彩的士兵，手里拿着长柄的板斧，什么也不说，刚冲到阵前就开始乱砍敌人骑兵的马腿。

刘锜在这造型上肯定也是用了心的，你们不是信鬼神吗？我就让人打扮成鬼神去砍你。

话说这招在实践中还真是很管用，很多金兵还没回过神来，就愣愣地被眼前抹得神鬼不分的宋军用长斧子砍翻在地，就算是有几个脑袋稍微清醒一点的，也架不住身边脑子迷糊的人实在太多，所以顷刻之间，整个军阵就开始乱成一团了。

其实这也没有什么稀奇的，无非就是趁金兀术心中犹豫迟疑未定的当口，宋军突然冲出，金兵来不及反应，被人占了先机而已。

好在这个时候的金兀术还够理智，及时派出了他的王牌部队——铁浮屠。

“浮屠”两个字是佛家用语，基本上可以理解为塔。我们经常说的“救人一命胜造七级浮屠”，用的就是这个意思。而所谓的铁浮屠，说白了就是一个壮汉从头到脚套了两三层铠甲，然后三个人为一组用皮索连起来向前推进，远远看去就像三座铁塔在向前碾压。

在那个时期，铜铁都是相对贵重的金属，即便用来制造铠甲这种保命的东西，也不可能财大气粗地搞全军覆盖。所以，像铁浮屠这种超级装备，基本上只能用于重点打造攻坚部队，也就是传统意义上的重装步兵。它的作用就是作为突破力量正面攻击敌人的阵营，反正你刀砍斧劈都伤不着这两三层铠甲里面的人，就只能听任他们向前砍杀了。特别是如果再配上披了重甲的战马，那基本上就相当于今天战场上的坦克，绝对是一种一往无前的存在。

这种装备听起来很拉风，但是弱点也很明显，而且在战前就被刘锜一眼看透了。那就是，虽然你把防护值加大了，但代价是牺牲了机动性。只要用我方的机动性去剥离你的防护值，剩下的事情就很简单了。

所以，刘锜应对的法子是用长枪兵配合长斧兵，在后者和铁浮屠正面较劲的时候，长枪兵突然从身后冒出来，靠着超长的枪杆直接挑开罩在他们头上的铁帽子，然后兜脸一枪刺过去，趁着对方眼神慌乱的劲儿，长斧兵再跟着一斧子抡上去。

值得一提的是，金兵把铁浮屠三个人连在一起用，本意是想让他们结成战斗团队，同时防止有人因战斗意识薄弱而逃跑，但是这样一来也给敌人带来了很大的便利：只要挑翻了其中的任何一个，另两个就必然跟着倒地爬不起来了。

至于骑了马的铁浮屠也好办，直接用长刀就解决了。因为马腿是根本护不住的，一旦护住了，马也就跑不动了。所以刘锜就干脆找一批人用长柄刀直接剁马腿，一匹马倒地，三匹马连着三个铁塔也都爬不起来了，只能任由拿大斧头的宋兵剁来剁去。

说起来这铁浮屠一直是金兵的秘密武器，在之前的战争中无往而不胜，却没承想到，这一次基本上都葬送在了顺昌城下。等到金兀术反应过来，赶紧鸣金收兵往回拉的时候，本来一万五千骑规模的铁浮屠，只剩下了不到五千骑。

想象一下当时散落一地的甲胄，对军队来说，那简直就是满地的金银钞票啊，保守估计也足够宋军再装备上几万兵马了。

但是金兀术还没有放弃。铁浮屠输了，他还有“拐子马”，似乎还可以出奇制胜。

“拐子马”这个名字听起来有点玄乎，但实际上就是几万名部署在侧翼的轻装和中装骑兵而已。

骑兵的战略要义在于速度，也就是它的机动能力，这种能力的使用是典型的宜早不宜迟。如果在一开始双方刚接战的时候就派骑兵从侧翼包抄，估计那几千长斧兵长枪兵啥的也很难抵挡，也许就只能退回城里去了。可是谁让金兀术太过自信，没有把铁浮屠和“拐子马”配合起来使用，以为只靠铁浮屠就可以实现完胜，结果吃了一场意料之外的大亏。到了现在这个时候，连最风光的铁浮屠都被人家砍杀了大半，那么这些平时自认为战力还不如铁浮屠的“拐子马”，还能有什么特别的斗志呢？

所以，当几万金国骑兵硬着头皮冲过去的时候，非常悲摧地发现自己居然冲不破这几千宋军结成的阵型，而自己刚一停顿，刚才挑翻铁浮屠的长枪就迎面扎过来了，心里一慌，再加上惦记着一路上抢来的金银财宝，索性调转马头就往回跑。这一跑不要紧，整个阵势瞬间就给压了回来。宋军顺势在后面掩杀，又砍死两万多人才收兵回城。

金兀术败退回营，本来心情就不好，老天爷又紧跟着捣乱，下了整整一夜的暴雨。大河涨水小河满，搞得整个顺昌城外都积了一尺多高的水。不过这下总算可以消停了，到处都是积水淤地，金国骑兵的机动性彻底没了。

而刘锜当然不会浪费这大好的自然条件，他大开城门，带着宋军四处划船追赶。一路上全是马腿陷在泥地里的狼狈不堪的残兵败将，只一天工夫，又砍掉一万多敌首。

这就是历史上的顺昌大捷，虽然没有特别响亮的名气，但是实际上起到的作用非常可观。最重要的一点，就是它第一次，极其充分地展现出了这个时候宋军所拥有的实际战斗力。

想想看，从宋金联合灭辽以来，十几年间，疲弱的宋朝官兵只要谈起金兵，就像见到了洪水猛兽一样，而且这是一种自上而下的深入骨髓的恐惧。从宋高宗开始，一直到宋军队伍里的新兵蛋子，相信其中大多数的人都会发自内心地认为，千万千万不能跟金兵打仗，只要打仗就必然亡国。在这样的背景下，“女真不满万，满万不可敌”的说法流传开来，这句话虽然不是他们自己的发明，但关键是，宋朝有很多人相信。

金兵也是爹妈生血肉长的，一刀下去也是掉脑袋，凭什么就你无敌？原始性的战斗力是值得敬畏，但绝对不是不可战胜。

宋朝的将士们走出这样一个心理误区，足足花了十几年的时间，而且还是在自己的战力真正超越了金兵之后才走出来的，不过好在，总算是走出来了。

顺昌大捷之后，宋金的对峙就迎来了历史性的反转。从此之后，金兵在宋朝境内一路长驱直入的情况就再也没有出现过，反倒是宋朝的军队一路势如破竹地攻入了金国腹地。

就在顺昌城下大胜金兵的同时，宋朝诸路军马已经整编完毕。宋军兵分三路，一路走江苏，一路走安徽，岳飞则亲率大军从河南长驱北上，目标直指开封。

这是宋朝从江南向中原挺进的规模最大、兵锋最盛，也是最有希望成功的一次北伐，可惜，也是思想最不统一的一次北伐。

先说宋高宗，前面已经提到过，他北伐的动力完全在于想积攒一点能和金国议和的本钱，所以注定只会是个半途而废的领导。

另两路兵马的其中一路，其将领本身就是个小肚鸡肠的人，而岳飞的性格又相对耿直，早在开战以前，就已经在不知不觉中得罪他好几次了。所以，跟着他一起打配合，岳飞不被背后捅刀子就已经是万幸了。

剩下那路的统帅就是前面在黄天荡出过彩的韩世忠，他倒也是个耿直的性格，但他比岳飞更会绝对忠诚地执行宋高宗的任何决定。

说到底，虽然这次北伐的阵仗可谓不小，但真心想要收复失地的只有岳飞这一路。

尽管是这样，岳飞仍然打得相当精彩。如果说顺昌大捷是个序幕，那岳飞北伐就是高潮之中的高潮。这个高潮的最大特点，就是这支军队表现出了对金兵从头到尾一览无余的藐视，进而全面把握了各个战场上的主动权。

比如从战略层面看，岳飞用于北伐的总兵力怎么算也就是十万人多一点，但是却要负责几乎相当于今天整个河南省的横向攻击面，西到秦岭，东到安徽，绵延几百公里。

而对面的金兵呢？多了不敢说，按照当时金国的军力水平，一口气拿出三十万生力军来应战，那还是有十分把握的。更何况如果兵员不足了，他们还可以在人口密集的中原地区随手抓壮丁呢。如果只看数量不看质量的话，只靠抓壮丁这一招，完全可以轻轻松松拉起来近百万人的队伍。

而且他们的情报也搞得非常准确，知道这场战争当中最大的威胁只在岳飞这一路，所以老早就把重兵部署在岳飞的进军道路上以逸待劳。

按照常规思路，岳飞在这种情况下应该尽量集中优势兵力迂回穿插，找机会逮着敌人落单的部队搞歼灭战，只有这样一口一口地消耗掉敌人的有生力量，慢慢地积小胜为大胜，才有可能最终获得全局的战略胜利。

这是最保险的打法，也是理论上操作性最强的打法。

但如果岳飞真这么打……那就不叫岳飞了。

人家所有的战略部署当中都弥漫着一股浓郁的藐视气息……

你不是人多吗？老子打的就是你人多！你以为我不敢分兵？我还偏偏就分了，怎么着吧！

金兵本来围绕着开封布了一盘很大的棋，无论你岳飞去打其中哪个城，周边城池的驻军都能做到迅速救援，这样理论上即便不能死死拖住你，至少也能咬掉你一块肉啥的。

可是这个岳飞，他没有集中力量去打其中的哪个城，因为他……同时去打了很多座城……

你还想着去救援别人？我让你小子连城门都出不了！

大家一定奇怪，岳飞哪儿来的那么多军队？

其实军队的数量并没有增加，人家就是分兵了，而且分成了好多支部队，随便一支几千人的部队，领到的任务很可能是去攻打一座几万人防守的重镇。那种战略部署的架势，就像是岳家军集体搞了场竞技赛一样：

你们每人去打一座城，看看谁能得第一名！注意，咱比的可不是谁能打得下来，咱比的是谁打下来得快！

如果放在别的时代背景下，这样做简直就是在胡闹。因为在冷兵器时代，攻城和守城是有固定的兵力比的。《孙子兵法》就明确提过，“用兵之法，十则围之，五则攻之”。也就是说，兵力至少要达到守城部队的五倍，才能实施有效的攻城战。可是岳飞呢？

他很可能把这段给背反了……

这样说当然是开玩笑的，岳飞才不会犯这种低级错误，他敢于这样做，是建立在他多年备战经营的基础之上的，也反映了他对自家部队战斗力的充足信心。而后来的事实也有力地证明了这一点：岳飞想打的城池一个都没落下，说打哪个就搞定哪个，直接就把战线向前平推了几百里。

其中的原因比较复杂，就不一一赘述了。这里只是希望大家理解一点：一场战争的胜利绝不是某个特定的因素就能单独决定的，而通常是一军统帅对各种要素综合把握的结果。岳家军在面对金兵时所向披靡，但是这不只归因于部队战斗力的强悍，还有很多其他的原因。

举个例子，你以为岳飞所谓的战前备战经营是在做什么？买粮食吗？当然不会这么简单！那些年岳飞所干的大事当中，一个非常重要的举措就是联络敌后的抗金义士。

这有什么用?

用处太大了！假想一下，军队开到城下了，敌人坚壁清野闭城不出，你正发着愁呢，这个时候突然有人从里面给你把城门打开了，或者把敌人统帅的人头扔下来了，你会不会觉得很爽?

还有，假设对面有十万敌军开过来，眼瞅着这几天就要跟你决战了，你正愁得睡不着觉，突然之间敌人后方“嗷呜”一声粮库炸了，十万军队不战自败一溃千里，你有没有一种被上天额外眷顾的感觉?

所以，岳飞能有底气在人少的时候分兵攻城，这绝对算得上一个重要因素。

当然还有其他的因素，比如怎么把握中原地区的人心所向，怎么派出游击部队骚扰敌后粮道，怎么利用地形优势阻断敌人援军，等等。正是因为这些因素都被岳飞非常恰当地运用到这场宏大的战役指挥当中，所以才能取得如此不俗的战果。从这个角度看，岳飞绝不只是一个猛将那么简单，他在统筹谋略方面是一个难得一遇的帅才。

说到这里，还是有必要再一次向慧眼识才的宗泽老英雄致个敬。

岳飞的这种攻势理所当然地吓到了金兀术，不过他是“女真不满万，满万不可敌”这句话的坚定信仰者，所以他并不认为这是金兵的战斗力出了问题，包括前不久刚刚遭遇的顺昌之战，他心里都认为只是偶然现象。他坚定地认为，这一切失败背后的原因，只是没有把女真勇士的战斗力真正发挥出来而已，所以，眼下要做的就是赶紧把女真人的传统优势用起来，好杀一杀岳家军的锐气。

那么，女真人的传统优势是什么呢?

当然是骑兵了!

金兀术的思路也很明确:平原，骑兵，出其不意，堵住岳飞决战。

于是就这样，双方迎来了宋朝历史上著名的郾城大战。

这也是此次北伐战争当中最具有决定性意义的一场大战，因为经此一役，金兵基本上就只剩下了逃亡的份儿了，而岳家军则完全掌握了战场上的主动权。

但是平心而论，这场战斗对岳家军来说绝对算得上是一场苦战，原因有三。

第一，金兀术在郾城附近迅速集结了大量兵力，是岳飞军队数量的十几倍，而岳飞恰巧就在郾城，相当于被堵了个正着，战略上陷于被动。

第二，金兵所依仗的是他们一直引以为傲的主力骑兵部队。据他们讲，这支部队在平原地形上是一种绝对无敌的存在。

当然，相信这句话的人，必须有意识地忽略掉前些天在顺昌城下的那场战斗……

第三，受各种意想不到的原因影响，岳飞短时间内得不到任何有效的增援，而且因为事发仓促，也没有多少潜伏在敌军内部的力量可以使用。

所以，就只能靠战场上的硬碰硬了。

而且因为郾城是个小城，如果岳飞继续套用顺昌战役的模式搞守城战，只会把自己逼入丧失所有战略纵深的绝境，所以，双方最终的战场选择在了一片平原上面。

一切都如金兀术所计划的那样顺利进行着。

那么，岳飞这下该焦虑了吧？

才不会呢！我们不是刚说过，岳家军在这场战役中，表现出的是对金兵从头到尾一览无余的藐视吗？

藐视就该有个藐视的样子。

岳飞的做法是，趁着金兵还在集结的期间，坚持不懈地天天到金兵阵前骂阵，那架势，就跟是他带着十几万人，而对面的金兵只有一两万一样。

特别是他的儿子岳云，那个时候才不过二十出头的年纪，但是几乎每次和金兵列阵打仗，他都要趁着一开场搞一次突袭，带上几百骑兵冲到阵里来，上上下下砍杀一圈，然后拍拍屁股掉头回营，就好像他们不是来打仗的，而是来打表演赛的。那意思好像就是要让你们看看，老子随随便便就能来问候你们一圈，而且老子就喜欢看你们看不惯我又干不掉我的样子。

偏偏金兵又真的干不掉他，哪怕人再多，好像也从来没有围住过这个年轻人。

为什么呢？

这种结果并不是一句戏说就能解释得了的。武功高是一个方面，但任谁武功再高，也不可能一点儿纰漏都不出。这就像岳家军的整体战力虽然可观，但也不可能保证一个败仗都不打。但是，为什么在这场北伐战争当中，在面对数量经常多于自身的金兵时，无论是岳家军的个体还是整体，偏偏都显示出了一种压倒性的态势呢？

因为还有一个重要的因素需要考虑，这也是在顺昌之战期间某个金兵将领提到过的那句话：宋军勇如昔之我军，我军怯如昔之宋军。

大家有没有想过，为什么宋军变“勇”了，而金兵变“怯”了呢？

其实答案在前面也提到过，因为金兵抢的财物多了，而钱一多就怕死了，就会影响战斗意志。这就如同一个一直只知道喂马、射箭、吃肉的野小子，本来一无所有无所牵挂，突然之间发现原来生活可以更美。他就不往最面前冲了。因为万一自己冲得太猛，不小心被敌人砍了，那家里的那些娇妻美妾和几百亩田地，不就都没了吗？！

在这种心理的驱使下，金兵反而变得越来越像宋朝的守河部队。你让我出征，可以，让我列阵，也可以，让我追一追宋朝的溃兵四处抢抢东西，那是咱的长项。但是，你让我在正面战场上不要命地向前冲，对不起，除非你能保证我肯定冲不死，否则，你就别怪我出工不出力了。

就是这样的心态，整体上销蚀了金兵原来一往无前的战斗意志，导致虽然每次都人数占优，但是死活就打不赢一两支哪怕是很小规模的宋军。

面对岳飞表现出的这种藐视态度，金兀术一开始还有些谨慎，担心对方会突然整什么幺蛾子出来，可是随着自家军队的不断聚集，对面的军队规模却一点儿变化也没有，他的胆气也随之慢慢地壮实了起来。

不就是每天搞一场表演赛嘛，小伙子打得是不错，但是你说你们费这么大劲儿，到底是为了什么？还不就是为了给手下人打气嘛！而这说明什么呢？说明你们心虚了啊！难道不是吗？

金兀术的嘴角泛出一丝奸笑，以为已经看透了岳飞的心思。

看来你也整不出什么新鲜的东西了，那就赶紧梭哈吧！

于是就在这一天，双方十几万人摆好阵势，开始了最终的决战。

金兀术一开始就把自认为是最大优势的骑兵部队派了出去，力求尽快取得压倒之势。岳飞这边派了岳云出战，值得关注的是他这次带的也是骑兵，而且居然有八千骑之多！

说起来金国的骑兵在之前之所以能屡战屡胜，一定程度上还是因为对面的宋军多是步兵。我们之前说过，骑兵对阵步兵是有天然优势的。但是今天，岳飞居然用的也是骑兵，而且是一支整装的骑兵部队！这很出乎金兵的意料。

其实这就是岳飞握在手里的另一张底牌，这八千人不仅是骑兵，而且是从岳家军中优中选优训练而成的精锐骑兵，一直被岳飞当作撒手锏使用，所以战斗力是绝对有保障的。

于是，宋金战场上一次极为罕见的大规模骑兵对战就这样开始了。双方都没有采用什么战术，就是去硬碰硬，看究竟谁耗得过谁。

金兀术这样做的底气在于骑兵战是金兵的传统强项，但是他忽略了一点，骑兵战之所以能成为金兵的强项，前提是宋朝那边没有骑兵。但如果双方都是骑兵的话，凭什么这就仅仅是你的强项呢？

据说这场战斗打了很长时间。金兵人多，可以轮番上阵。岳家军只有这八千人，拼死接战，居然丝毫没落下风！

以寡敌众，打的又是金兵引以为傲的骑兵部队，居然没有被压垮，这个现象本身就已经很打击对面金兵的士气了。

金兀术一看不妙，赶紧把上次顺昌之战中幸存下来的铁浮屠和“拐子马”派了出去。

这一招在以前是有效的，趁着战场胶着之时迎面一冲，很可能就把敌人的阵脚给冲垮了。但问题是这已经是过了时的老招数了，他自己也不想想，这种战术刚刚在顺昌城下吃了瘪，难道他以为宋军上下的消息渠道就是完全隔绝的吗？人家刘锜有破解之法，难道岳飞就不能有吗？或者刘锜的破解之法最可能是谁教给他的呢？

于是，还是原来的配方，还是熟悉的味道，这残存的一万多铁浮屠和“拐子马”被岳飞彻彻底底地歼灭在郾城阵前。

金兀术还不死心，你岳飞总共只有一两万人，我这边好歹有个十几万，搞个集体冲锋人海战术，多少也能有点效果吧。

可惜，他真的高估了这十几万金兵。冲锋令一下达，大家还没来得及迈开步子，就见岳飞带了四十个骑兵——是的，你没有看错，不是一两万人，也不是四千或者四百，而是四十个骑兵，从阵营当中带着王之蔑视的眼神冲了出来。

而这边呢，十几万人掉头就跑，那姿态像极了宋朝当年的守河部队……

这就是历史上赫赫有名的郾城大捷，也是岳家军战果颇丰的一战。

随后金兀术又组织了几次反击，但无一胜绩。据说最后一战是在距离开封只有几十里地的朱仙镇，金兀术组织了最后的十几万残兵，准备如果这一仗再打败了，就放弃开封撤回黄河以北，所以也算得上是背水一战。

结果果然如他所愿，这次岳飞连一两万人也没有带，就带了五百个骑兵直接上阵冲锋，再一次把十几万金兵杀得丢盔弃甲……

想象一下那种几百人追着十几万人狼奔豕突的场面，还是很让人震撼的，再对比一下前些年金兵长驱直入无人可挡的态势，真心让人有种由衷而发的欣慰感。

正面战场上打得如火如荼，敌后战场上当然也没有闲着。岳飞联络的敌后抗金义士可不是一个两个，而是一大帮。一大帮的范围是多大呢？大概也就覆盖了山西、河北、山东这么三个省吧。

于是就在金兵节节败退的时候，这三个省的地盘上眼瞅着也乱成了一锅粥。金兀术本来只想退到黄河以北，可是突然之间发现长城以南都不安全了，到处都是岳家军的旗号，也分不清哪个是真的哪个是假的。

其实事实倒也没那么难猜，肯定其中的大多数都是假的，充其量很可能就是几百个拿着菜刀棍棒的人，乘虚而入占了县衙而已，但问题在于他们打出的是岳家军的旗号，这对金兀术手下那十几万人来讲，绝对是一种痛彻骨髓的恐惧感。

打不赢，又守不住，那就只剩下跑了。

说起来这真的是历史上大宋朝光复故土的最好时机。金兵已经在集体收拾东西准备回老家了，手快的都已经把娇妻美妾啥的先人一步送回东北了。宋军只要再把这份锐气保持上几个月，估计不仅中原一带，连燕云十六州都能一鼓作气拿回来了。

而岳飞的胃口更大，他的目标不是收复开封，也不是收复燕云，而是直捣黄龙。所谓黄龙，就是金国当时的军事重镇黄龙府，在今天的吉林省境内。

如果岳飞真的做到了，宋朝很可能就摇身一变，成为一个汉唐那样的大国，而绝不会再被后人言之凿凿地称为“弱宋”。这样一来，很可能也就没有成吉思汗什么事了，因为如果对当时实力最强的金国都可以实现正面碾压，那么剩下的那些还没成气候的蒙古、西夏、大理什么的，基本都不值得一提。

但是历史偏偏就在这个宝贵的时间点上发生了转折。

以前看《岳飞传》的时候，最不愿意看的就是这一段，明明是千载难逢的大好局势，明明是浴血奋战才赢来的宝贵契机，却活生生地被宋高宗和秦桧两个小丑败坏掉了。特别是看到岳飞被十二道金牌急召回朝的时候，内心当中的愤恨简直无以复加。

当时的自己看待宋高宗和秦桧，满脑子都是两个不懂大局的小丑形象。但是后来慢慢明白了，除了历史上所谓的信息沟通不畅等客观原因，导致出现这种令人扼腕的结果，也是有其深刻的内在原因的。

如果我们说这两人破坏了大好局面，那是没说错的，但是要说明白，他们破坏的是宋朝军民的大局，而这样做的目的，恰恰是为了维护属于他们自己的"大局"。

直捣黄龙也许是很多人的梦想，但绝不是宋高宗和秦桧的梦想。

宋高宗的梦想是什么?

是当皇帝，一直当皇帝，当一个能过安稳日子的皇帝。

在他的概念里，一切可能与这个目标产生冲突的事，都是不能容忍的。

也就是说，他并不那么在意这个皇帝到底管了多大领土。江南的宋朝也是宋朝，也能支撑他安享晚年，是不是非要把中原和关外包含在内，对他来讲并不是那么有诱惑力。但是如果为了收复中原，却给自己偏安江南的人生目标带来了颠覆性的危险，那是绝对不能答应的。

他心里算计的是你岳飞想打仗，我没啥意见，但是你能保证百分之百打赢吗?万一因为你胃口太大，出了岔子呢?那岂不是要被人反攻回来了？到那个时候，大宋朝的主力部队被你丧失殆尽，我这个江南的位置还坐得稳吗？

再说，你作为一个武将，却搞了个比皇帝还要崇高的奋斗目标，万一你真的完成了，是不是就显得有点功高震主了？到那个时候，我还能使唤得动你吗？你的手下是不是就该准备缝制个黄袍啥的了？

所以，宋高宗内心深处对于收复中原是没有多大积极性的，或者说是不太支持的。对他来说，只要把金兵打退了，能有和谈的筹码，就不用再打了。

而秦桧的梦想又是什么呢？

也好猜，是当宰相，一直当宰相，当一个一直被皇帝宠信的宰相。

因为如果不能做到这样，以他过往的许多作为，一旦失势，恐怕就要不得善终了。

那么，怎么才能当一个一直被皇帝宠信的宰相呢？

那就是把和谈搞成功，遂了宋高宗的心愿。

而如果岳飞真的直捣黄龙了，那……那还和谈个啥啊！如果和谈不成，自己对宋高宗而言就一点儿价值都没有了，罢相也就是早晚的事。

所以，秦桧是打心眼儿里反对岳飞北伐的。在这一点上，他跟宋高宗的目标高度一致：只要有和谈的筹码，就不用再打了，或者再说得直白一些，就不能再打了……

就是因为这些，秦桧之流肯定没少在宋高宗面前嚼岳飞的耳朵根子，最后宋高宗一口气发出十二道金牌催岳飞班师，还提前把另外两路打酱油的宋军全都撤了回来，企图用这个办法逼迫岳飞就范，已经很充分地体现出两个人的立场和心态。

这里其实还存在一个变数，那就是岳飞有没有可能不听宋高宗的指令，仍然按照自己的方向再进攻下去？

答案应该是否定的。

原因并不在于所谓的孤军深入、粮草不继、缺乏外援什么的，即便另两路宋军撤回了，即便后勤补给线拉得很长，只要有中原地区广大民众的支持，这都不是问题。

问题的关键在于，这种支持是建立在岳飞作为王师的身份基础上的，只有岳飞代表的是官方身份，是所谓的正义之师，才能毫无障碍地获得所有民众的支持。试想，如果岳家军的身份变成所谓不听朝廷节制的“叛军”，那么不用说中原民众了，光是岳家军内部就不可能再达成一致，这支部队也会迅速地瓦解掉。

要知道，岳飞能够在民众当中享受如此高的声誉，能够赢得那么多才能卓绝的将领的真心辅佐，其中最重要、最核心的因素，是因为他代表着正义，并在此基础上统一了所有将士的信仰。如果这个要素毁掉了，岳家军的高强战斗力恐怕也就不复存在了。

就是因为这个原因，宋高宗才敢于放手让岳飞去北伐，也有足够的自信用金牌把岳飞召回来。而且他也算定了，岳飞是个爱国忠君的厚道人，如果让他成为所谓的“叛军”，他连自己这一关都过不去。

而后发生的事情，就完全是一套亲者痛仇者快的桥段了。撤军之后，原本收复的大好河山重新被金兵一一夺了回去，宋军全线退回到淮河以南，而岳飞的命运也完全捏在了金兵的手里。

这就是宋朝武将最悲哀的地方，明明可以在战场上完胜敌人，却不得不因为其他因素而受制于敌人。

其实说起来岳飞的结局也未必要死，毕竟他没有抗命，还是回来了，似乎没有理由，也没有多大必要非杀他不可。

但奈何，有个人从心眼儿里觉得岳飞必须死。

这个人就是宋高宗。

宋高宗和岳飞之间的所谓恩怨由来已久。

对宋高宗来说，岳飞的存活本身就让宋高宗反感。关于这个逻辑，我们可以从三个方面来理解。

第一，岳飞是个唱反调的人。他是主战派的代表，并且之前的所作所为也基本向世人证明了，宋朝完全可以用武力取得对金国的胜利。那么，只要他还在，那些主战的势力就不会轻易放弃自己的主张，与金国的议和就很难推动下去。

第二，岳飞是个被点名的人。此时的金国已经非常深刻地体会到了岳飞的威胁，也跟宋高宗非常明确地提出了杀岳飞的要求："必杀飞，始可和。"也就是说，如果想用议和的方式跟金国买来和平，一个绕不过去的前提条件就是杀掉岳飞，在金国人眼里，这个价没的讲！

第三，岳飞是个多余的人。即便你金国提出来要杀岳飞，可是如果我觉得岳飞是我不可抛弃的底牌，那么也可以选择死硬地护着岳飞，或者采取别的什么变通办法。反正只要宋高宗想干，办法终归是找得到的。

但是很可惜，此时的岳飞在宋高宗眼里已经没什么用了。反正我手下还有别的许多兵将，即便不能像你那样去搞主动进攻，起码守住我江南半壁江山还是够用的。而你一个进攻型的选手，本身就不是我的菜，那我何必还要为了保你而付出新的代价呢？

于是，在这些理由综合作用下，岳飞就彻底丧失了继续存活的可能。

公元 1141 年，岳飞下狱，表面上的理由是有下属告发他“谋反”，但实际上，秦桧不过是忠实地执行宋高宗的旨意罢了。

不过话说回来，要污蔑岳飞这样一个爱国英雄谋反，对秦桧来说还真是个不小的难题。虽然从理论上来说“常在河边走，哪有不湿鞋”，但岳飞还真就是一个绝对的例外，他的鞋偏偏就是干的。

秦桧对岳飞严刑拷打，折腾了足足两个月，却一点儿把柄都没有抓到。最后没办法了，只能诬陷岳飞父子俩与大将张宪往来书信意图要挟朝廷。

但是，书信呢？

岳飞父子连同那位被指证的大将张宪也不禁发出这种疑问：你说我们通书信谋反，那你把书信拿出来啊！

最后没有办法，秦桧请示宋高宗，为避免不必要的麻烦，建议先把岳飞处死，再公布判决书，这样即便别人有疑问，生米也已经煮成熟饭了。

而关于本案中的关键证据，也就是那封书信的去向，就口径一致说是被岳飞父子烧了。

宋高宗很快就批准了这个建议。

这里还需要多说一句的是，本来秦桧只建议处死岳飞，但宋高宗担心不能斩草除根，特意安排还要砍了他儿子岳云，以及那位大将张宪的脑袋，并嘱咐秦桧“多差兵将防护”。

其心虚之至，可见一斑！

三人被处死之后，家属尽被流放，流放地是今天的两广地区和福建山区，都是当时最苦和最危险的地方。直到二十年后，金国人再一次毁约打了过来，宋高宗在战场上一败再败，终于又想起这些武将的好，他们的家属才被允许返回原籍。

岳飞死后，据说有不少人反复谈及岳飞罪无实证一事，其中最有名的就是传说中韩世忠与秦桧之间的对话，其中的桥段被后人演绎过无数次，导致大家都以为是韩世忠仗义执言去为岳飞辩解鸣冤。

其实，韩世忠为人虽然耿直，但绝不会为了一个同僚岳飞而去怒气冲冲地责问当朝宰相。加上秦桧本就是严格执行宋高宗的旨意，也绝对不会有心虚之感。更何况，宋朝文臣地位普遍高过武将，武将去责问文臣，而且还是宰相这个级别的文臣，是很难想象的。照此推断，即便二人真的聊及此事，也很可能只是冬日相约小酌促膝闲谈，聊及岳飞，空发感慨而已。

比如，秦桧偶尔说及岳飞谋反之事，韩世忠接话说大人所虑周全。此时岳飞已死，大家即便有疑问也掀不起什么风浪了，但只凭“莫须有”三字恐怕难以服众。

秦桧说你个大老粗担心这个干吗，别人服不服的关我屁事！要知道这是当今圣上的意思，并且我等必定少不了好处。就算世人悠悠众口，声势还能大过圣上去不成！

虽然一切都是想象，但作者也以为，这样的场景才真的符合常理。

就在岳飞被处死前的一个月，宋金的议和终于谈成，史称“绍兴第二次议和”。这次协议是双方真心实意签订的，但是相比第一次，宋朝损失了黄河以南、淮河以北的全部领土，变得更像一个名副其实的“南宋”了。而最重要的是，这次是以官方名义正式放弃了这些领土，从此之后若再有人谈及光复故土一事，就显得不那么名正言顺了。

金国上下对这次议和的结果非常满意，因为他们已经深深体会到宋军的强悍，知道在战场上已经很难再占到什么便宜了，如今可以不费一兵一卒，先是干掉了让他们睡不着觉的岳飞等人，又凭空夺得了大片土地，每年还能坐收白银二十五万两和绢帛二十五万匹，傻子才会反对这样的议和。

而秦桧，果然就如他所预料的一样，没有少掉任何的好处，安安稳稳地在杭州享受荣华富贵，十四年后才病死，终年六十六岁。

死后宋高宗念及其“劳苦功高”，追赠申王，谥号“忠献”。

纵观宋高宗的一生，绝对可以用“丰富多彩”来形容。

他生于繁华未尽的宋朝盛世，目睹了金兵南下的生灵涂炭，感受过海疆流窜的担惊受怕，被金兵骑兵追赶过，被兵痞乱党要挟过，被金朝使者讥讽过，当过皇帝，也当过人质，登过基，也退过位。虽然在历史上的评价不高，但总归是一代守成之主，保住了大宋江南的半壁江山，而且又延续了一百五十二年的时间。

虽然理论上他也有成为类似汉唐盛世君主的机会，但历史不容真的去做假设，毕竟所有的假设都是建立在未知的基础之上，随口说一说还行，认真起来那就输了。

可以说，宋高宗一生都在苦苦奋斗的唯一目标，就是当个安稳皇帝。不求别的，哪怕就像自己老爸在位的那几十年一样，每天诗词歌赋地安享富贵，不要再有颠沛流离之苦，不要再有亡国退位之险，就满足了。

可是这对于宋高宗来说还真的就成了难以企及的奢望。

当然，也可能是因为他活得实在太长了，长到几乎什么危难都没能躲过去。

话说岳飞死了，和议成了，宋高宗终于长长地舒了一口气。

这下安生日子总该来了吧？我们做出了这么大的让步，还不惜谋杀了英雄，金国人提出的所有条件都达成了，没有任何理由不满意，那么，自己后半辈子的日子总该顺风顺水了吧？

事实上真的差不多就是这样了，可是说到底偏偏还是差了那么一丁点儿，那就是他没有算计到，虽然两国都对这和议挺满意，但架不住金国的皇帝突然之间换了，而新上台的主子偏偏有一个一统南北的美梦，这个梦想达不成，他连金国皇帝都做得极不舒坦。

这个新主子叫完颜亮，是靠宫廷政变夺得的皇位。本来按说自己的位置来得不正，就只管老老实实地待着就好了，低调一点，估摸着也出不了大事。

可人家偏不。

他不像长江对岸的宋高宗那样一脸沧桑苦大仇深只想着安享晚年，他天天想的却是如何直捣临安，迎回皇妃。

当然了，直捣临安应该是没多大问题的，至于迎回皇妃，只是历史上的传说罢了。话说这个英俊貌美的完颜亮，听说宋高宗有一位刘姓的妃子非常漂亮，就想抢过来当自己的妃子，而且早在出征之前，就着急忙慌地把刘皇妃的寝宫、被褥等等都准备好了，生怕自己得胜回朝的时候来不及安排。

这桥段听起来又很像民间传说了，但是不打紧，历史加一点民间元素也无伤大雅，而且从完颜亮一贯的脾性推断，也未必就不是真的。我们只需要知道，这是一场锐气正盛的年轻人意图吞并中年气短的老大叔的战争就行了。

但是对宋高宗来说，他是不太相信会有这场战争发生的。一方面是因为他实在太执着于当安稳皇帝的梦想。人往往就是这样，一旦太执着于某个目标，就不愿意相信会有相反的事情发生。即便是大火已经烧起来了，都仍然愿意相信它会自动地熄灭。另一方面也是因为他想不通，明明之前已经许给金国这么好的条件，已经把他们的利益最大化了，而且这一点在金国上上下下乃至宋朝上上下下都是有共识的，他们还能有什么不满足的呢？

话是没错，可完颜亮的思维并不是这种非此即彼的固定套路。年轻人毕竟是年轻人，如果什么都按部就班，那就不叫年轻人了。

他想要建功立业，为了这个目标，其他一切都是可以舍弃的。这种不顾一切的锐气，恐怕也只有在年轻人身上才能找到了。

于是，这场战争，就几乎在完颜亮一个人的主导和推动下硬生生地发动了。

与“绍兴第二次议和”时隔二十年，完颜亮随随便便找了个借口，带了六十万人，兵分四路全面南下，宋金战争再次爆发。

这次的宋朝就没有上次那么走运了。上次的战略时间完全是刘锜领导的顺昌大捷带来的，而这次，最先与金兵遭遇的宋军统帅是个十足的软蛋，他连象征性的抵抗都没有做，直接就扔下军队撒丫子跑回了江南，十几万淮河南岸的边防军由此直接变成了溃兵，也跟着主帅一溃千里，直到跑过长江才算歇了口气。

长江虽是天险，却也是要人来守的。

此时的江北已经完全被金兵占领，南岸只有十几万溃兵不知道何去何从。而大宋的朝堂上乱成了一团，宋高宗只想着能像上次一样出海逃命，除此之外连一点儿像样的举措都拿不出来。

谁也没有想到，就在这个时候，居然是一介文人勇敢地站了出来，硬是稳稳地扶住了即将倾覆的宋朝大厦。而且从这件事的传奇色彩和最终起到的作用看，它绝对值得在历史上重重地记上一笔。因为如果不是他半路上站出来多管了一把闲事，而且还不可思议地把事情给干成了，很难想象大宋朝到底该怎么走出这次的亡国危机。

但是可惜，如果不是对这段历史有充分了解的人，估计不可能听到过这个名字。

这个人叫虞允文。

他当时的官职只是个中书舍人，一个十足的文官，日常职责就是起草和抄录，最大的功能猜也猜得到，那就是制作圣旨。就是这样一个类似于今天政研室干部的文官，我们很难把他和血腥的打仗联系在一起。

而朝廷也是这么看的。当时淮南的十几万溃兵刚刚逃过长江，很多人就聚集在南岸的采石矶这个地方。朝廷担心日久生变，派他带了点小钱去安抚，总之是让他们不要马上生乱就好，其他的也不指望。

可是，就是这么一个慰问的活儿，却被老虞干成了直接干死敌国皇帝的丰功伟业。

因为采石矶这个地方，恰恰也正是完颜亮选定的渡江地点，而关于老虞的故事，也就是在这个地方展开的。

话说老虞一到江边，就看见成千上万的宋军无所事事地四处游逛。

这一点很好理解，前任软蛋主帅跑得没影了，他们跟着跑到别的军队防区来，就只能暂时听从当地军区的收拢管理，等待朝廷派新的主帅过来。而在新主帅到来之前，那可不就是开小差的宝贵时间嘛！

可问题是，就在此刻的北岸，几十万金兵已经全数压到江边，眼瞅着就要渡江了，而所谓的新主帅还不知道什么时候才能到。一旦长江天险被突破，再想抵挡几十万金兵排山倒海的进攻势头，那就是难上加难了。

老虞当然明白这之中的利害关系，于是自己搭了顶帐篷，把周围能找到的看着还像是个将领头目的人都叫了来，就问了他们两个问题。

第一个，你们是不是忘了当兵报国的本分？

大家说当然不是啊，我们也想抗击敌人，而且我们大多都是淮南人，看着自己的家乡被敌人占了，当然天天想着要打回去。只是现在没有人指挥，我们即便有心也无力。

老虞说既然这样那就好。

那么第二个问题，我来指挥你们打仗如何？

你？

大家上下打量这个看起来手无缚鸡之力的文官，很想确定他到底是发烧烧糊涂了还是发烧烧糊涂了或者是发烧烧糊涂了。毕竟打仗和写稿子差别很大的好吗？！

姓虞的，你打过仗吗？

没有。但是我有这个。

老虞从怀里掏出一大沓盖了章的空白委任状，言之凿凿地说，这是朝廷准备封赏大家用的，本来是要交给新任主帅，但是现在主帅没到，你们听我的指挥，只要杀敌立功，我能做主，立刻就给你们封官授赏。

老虞随即掀开身后的大车，满车的金银珠宝几乎吓坏了这帮大兵头。

其实这些东西都是朝廷让他带来安抚乱兵用的，可老虞心里头想得清楚，反正横竖都是要给你们，倒不如先哄着你们打打仗再说。

能于危急时勇挑大任，能见时需而果断行事，老虞真可谓是人中丈夫！

这还没算完，如果老虞只是忽悠大家上阵比画一下也就罢了，可他后来的表现充分说明，这个人就是一个被写稿子事业耽误了的军事家。

第二天，金兵开始正式渡江。而老虞忽悠着几万宋军也摆好了架势，在南岸严阵以待，只等着金兵下船就一阵狂砍。

为什么不驾船水战？

因为当天江上有雾，宋军不知对方虚实，不敢贸然派水军出战。这倒也是常识，如果敌人的船看起来又大又多，只凭眼下的几千水军羊入虎口，那还真不够人家塞牙缝的。

而谨慎的宋军碰上的，偏偏又是一个超级心大的敌国皇帝。

金兵的船不仅不大，而且不多，满打满算也就七十多艘小船，每次能运一两千人就算很不错了。但是完颜亮可不打算耐着性子造大船，他的脑子里全是当年金兵大军南下，宋朝的守河部队一夜之间跑得无影无踪的浪漫故事。他坚信，此刻的长江南岸，宋朝的兵士早就跑光了，连一个胆敢阻拦的人都不会有。

其实如果没有老虞，事实还真的就是如此。

所以，当自信满满的金兵跳下小船，迎面就挨上一轮密集的箭雨之后，从上到下都慌了神。

怎么，皇上不是刚说过，我们是来江南收庄稼的吗？！

我去！为了能第一轮上船，老子昨晚还把所有身家都贿赂给兵头了，可为什么还有敌人在啊？说好的望风而逃呢？

这边宋军可不管那些，趁着大雾冲上去，仗着熟悉地形的优势，砍瓜切菜一般就干掉了几百个金兵。

而老虞的指挥才能就在这个时候体现出来了。他的重点不在于直接指挥士兵，那真的不是他的专业，但他显然懂得一点心理学，一看先前那些大大小小的将领都还躲在工事后面没动静，就跑过去不冷不热地来了句：

江湖上都传说两淮之兵勇猛，今天看诸位怎么都跟个娘们儿一样？

一帮只想着捡便宜的大兵大脸一红，扭头抄起钢刀嗷嗷叫地就冲上去了。这一下战事就毫无悬念了，领导带头，砍死一两千惊魂未定的金兵还真不是什么难事。

这边激将法成功了，老虞的注意力瞬间就切换到别的事情上。他一看敌人一次性只拿出七十艘船运兵，而且还都是小船，想来必定是可用的军船不足，那么就不用过于谨慎了。于是，他果断地命令水军全线出击，直接到江中截击这些运兵船。

说起来水战毕竟是宋军的长项，更何况此时宋军驾驶的“海鳅”战船本身就远远强于金兵临时抢来的小船。据说这种船不仅速度快，体形也比人家的大，更关键的是，这毕竟是战船，而金兵那边都是民船，质量上根本就不能比啊。所以，这种水战根本不需要战术，只要追上了直接开撞就行，一撞一个准儿。

就这样，宋军战船从南岸一直撞到北岸，眼见得七十多艘船都沉得差不多了，突然眼前一长排高大威猛的战船刹那间堵住了去处。

不好，难道中计了？

老虞刚要下令退兵，突然发现情况有点不对劲。

这些船怎么不动呢？

他突然之间就想明白了，这些是造了一半还没有完工的金国水师，眼下都只是空壳子，还没有来得及装备。

那既然碰都碰见了，总不能不打个招呼吧。

他指挥宋军各船都从舱里搬出一大堆像二踢脚一样的东西并一一摆放在甲板上。大船上的金兵还没反应过来，就看见成千上万的二踢脚打着旋儿直往自己身上钻。

钻也就罢了，它居然还会炸！炸也就罢了，它居然还自带燃料！

一时间，金兵大船上就像是泼了层油然后又点着了火，火势熊熊不断，基本上属于救无可救的状态。

这下老虞放心了，趁着雾色带着所有战船返航。金兵们忙着救火，就任由老虞他们扬长而去。

其实就算不救火他们也追不了，船都没了，拿什么追？

就这样，老虞彻底地粉碎了完颜亮的第一波进攻，过程看似简单，但其中对将士心态的把握、对战机的把握，都堪称完美。

这还没算完，船没了，金兵可以再造。说到底老虞手下只有几万人，如果金兵认准了这个地方搞强行突破，那么这种消耗战是绝对打不起的。

怎么办？

简单，把他们引到别处就是了。

怎么引？

也简单，让他们觉得这个地方不好攻就行了。

正好这个时候又有几百淮南士卒从上游逃过来，老虞一看就给拦了下来：你们都别走了，给你们找个差事，不需要拼命，只需要费点儿鞋。办好了，所有人官升一级。

还有这种好事？

当然有。老虞把全军的旗帜和鼓号都收集起来交给他们，要求每天接连不断地从长江上游往自己军营里走，走完后把旗子包起来迅速跑回去，然后再把旗子展开举高了往军营走。说白了这就是个转车轮的游戏，几百人在那里来回打转转而已。

但是在长江对岸的金兵看起来，这事情就不是这么简单了。我去！居然有没完没了的宋军在持续地增援对岸，按这频率计算，没有三十万人也得有二十万人，看来此地肯定是易守难攻了，那还是换个地方渡江吧。

就这样，几十万金兵生生地就被老虞给忽悠走了。

按说作为一介文人，能做到这一步就已经是不世之功了，但是老虞还不满足，他觉得自己还可以再勇敢一点，于是带了一部分兵马隔着江面一路追赶，一直赶到京口，也就是今天的镇江市附近，这就是完颜亮新选的渡江地点。

其实和之前的地点相比，这个地方还真不是个适合渡江的好去处，不仅江面更宽了，南岸也真的有将近二十万宋军在集结，就算金兵顺利过江，那面对的也很有可能是一场酣战。

老虞不是武将，脑子里首先想到的当然不是面对面的对砍，毕竟圣贤书早说过“上兵伐谋”，这个观念对他的影响还是很深的。

那怎么办？

老虞的办法还是继续吓唬敌人。

他说服了当地的将领，集中全军力量星夜建造战船。建造的时候，果断放弃那种既费时间又费工料的大型战船，只造又小又快的海鳅船，没错，就是前些天刚刚把金兵杀怕了的那种船。

就这样，十几天的工夫，宋军的海鳅船突破千艘，远远超出了宋军的实际需求量。

而后，在一个天高云淡、一望无际的日子里，老虞特意选了几千个熟悉驾船技术的士兵，开着新造的海鳅船集体出动，到长江北岸去搞巡演。

这一下还真管用，金兵一看，这不是上次把咱们打惨了的那种船吗？乖乖，这么老多，上次只有几十艘就把咱们所有大船都烧没了，这次居然有一二三四五……我去！居然有一千多艘……

金兵士气顿时为之一沉，连完颜亮也白了脸。但是这个小伙子皇帝嘴上强硬，厉声告诫全军，那些船都是纸糊的，都是宋军吓唬你们的。

但是他显然不太懂心理学，这种判断一听就没有任何的理论支撑，连你自己都不相信的答案，怎么能奢望让别人相信呢？

就在全军上下人心惶惶的情况下，完颜亮也发急了。

他不能不急，因为后方早就传来消息，就在他刚刚带兵南下不久，家里的反对势力就扶了新君即位，宣布废黜了他这个篡位的假皇帝。

这和当年辽国的末代皇帝面临的处境多少有点儿类似，也面临着是先回家平叛还是先搞定眼前敌人的选择题。但是细细分析起来，二者还是有实质的不同的。

最大的不同在于，当时辽国的末代皇帝是已经快要彻底干败金国叛军了，只差那么最后一口气，所以，当时他的最优选择是先抓紧时间在战场上取得彻底胜利，再率大军回国平叛。而眼下的完颜亮，他也是想先把宋朝彻底干翻，然后再率大军回国平叛。可问题在于，此刻的他连长江都还没渡过去呢，离差最后一口气的程度还远得很呢。

如果不是老虞出现，按照之前宋朝的表现来推算，这么选择估计也没啥大问题。但是老虞偏偏就出现了，而且这个克星偏偏还追着他跑，躲都躲不开。

很快，老虞的心理战术就开始在金兵军营里发酵了，特别是亲身经历过上一次渡江之战的金兵，这下可算逮着一个说话的机会。按正常的心理分析，他们在陈述上次战斗的时候，肯定不会把战败的原因归咎于自己太笨，那么就只剩下一个理由了：宋军的这种战船实在太太太厉害了！

这导致金兵上上下下都笼罩在了一种莫名的恐惧当中，好像那其貌不扬的海鳅船就是一个个吃人的魔鬼。

当发现军心正在悄然发生变化的时候，完颜亮真的是急了，很显然，眼下的情况已经不容再拖延下去了，必须速战速决，马上渡过江去。

可是这事说起来容易，这江要是好过，早过去了。

那也不管，明天一早，无论如何，全体将士集体渡江，违令者斩。

这个命令一下，军营里立刻就炸开了锅。小伙子毕竟是太年轻了，以为自己是皇帝就可以任性，可是眼下的情形并不适合用蛮力，特别是在所有人都觉得渡江就等于送死的情况下，你以为一纸命令就那么管用？你以为大家想不到别的选项？

而就在这个时候，金国新皇帝的诏书又偷偷送进了军营，很明确地表达了一个意思：

完颜亮自作自受，你们都是无辜的。谁杀了他，就封谁做官。

那就没什么可犹豫的了，看谁手快吧！

于是，毫无悬念地，完颜亮被乱兵割了脑袋，金兵集体后撤，老虞终于松了一大口气。

而这边宋高宗听了这个突如其来的变故，赶忙不失时机地搞了一场“御驾亲征”，带着新选定的接班人杀气腾腾地从杭州赶到南京玩了半个月，临走时还充分表达了自己恨不能手刃敌人的愤慨之情。

说白了，纯粹就是欺负宋朝军民的消息不对称。

你说你想打仗？去啊！麻溜儿地去！干吗只在南京待着？你多往前迈一步就有仗打！

于是，金人这场如同儿戏的南下就这样稀里糊涂地结束了，当然双方也没有迅速地回归和平，大家都不傻，都想着趁乱多争取一点好处，所以双方都瞪大了眼睛，期待着能发现对方更多的破绽。

书言及此，已经有必要对宋高宗作个简单总结了，这不是作者的意思，其实恰恰是宋高宗的心思。

到这次完颜亮南下为止，宋高宗的一生中共经历了五场宋金战争。

第一次是 1125 年金兵第一次南下，他当了一回人质，后来装傻逃了回来。

第二次是 1126 年的金兵第二次南下，他舍弃了全家上下，当上了流亡皇帝。

第三次是 1129 年，被金兀术从扬州一直追得逃到了海上。

第四次是 1140 年，金兀术撕毁绍兴第一次议和的协议，被岳飞、韩世忠等人杀退。

第五次就是这次完颜亮的南下。

说起来，毕竟他是一个长在深院帝王家的王爷，从小就没见识过战争的血腥，却被历史逼迫着一次又一次地亲身感受战争的残酷，而且算得上是一个几乎从头到尾地见证了宋金战争的人。在这样的轮番折磨之下，人家在骨子里执着地想要追求的就是安稳。

就在这场突如其来的战争之后，宋高宗突然做出了一个大胆而且出人意料的决定：禅位。

也就是说，他不准备再当这个皇帝了，他觉得累了，想休息了，于是退到了幕后，扶了儿子宋孝宗上台。

这件事听起来很像是一段父子相爱的人间佳话。但是要知道，宋孝宗并不是宋高宗的亲生儿子，这在前面已经讲过，因为宋高宗绝后，从宋孝宗开始，皇位又转回至老赵的一脉，所以严格地说，宋孝宗只能算是宋高宗的养子。

难道说宋高宗对养子可以这么信任，居然在这个时候就搞禅位？

才不是呢！

人家禅位的目的是把日常的杂活推给你做、黑锅留给你背，但是大事的最终决策权仍然要牢牢地抓在自己手里，由不得你乱来。

要不然你以为宋高宗在江南苦心经营这几十年都是白混的？

于是，这个一心只想学老爸当安稳皇帝的宋高宗，在经历了五次残酷的战争之后，终于过上了自己心驰神往的生活。而他偏偏又高寿，在太上皇的位置上坐了足足二十五年才死，享年八十一岁。

再看可怜的宋孝宗，总共在位二十七年，其中二十五年都生活在宋高宗的阴影之下，施展不出任何的拳脚。

而大宋朝的历史，也从此刻起结束了纷乱的争斗期，进入一个相对平稳的宋金相持阶段。

相对平稳，意思并不是说就不打仗了，仗还是要打的，只不过后面的这些仗，除了和蒙古人联合的那次以外，都不是以灭亡对方为目的的。说到底，宋朝人想多要点地，金国人想多要点钱，仅此而已。

宋孝宗赵昚

宋光宗赵惇

第八章

连禅三代的平安帝王

南宋　米友仁《云山墨戏图》(局部) 北京故宫博物院

宋高宗禅位之后，这种做法似乎立刻变成了大宋朝的一个优良传统，被后面的皇帝们或主动或被动地接连效仿。

从宋孝宗开始，到宋光宗，再到宋宁宗，这名副其实的祖孙三代都是这么得来的皇位。不管是不是主动禅让，至少让国内的百姓看起来，他们都是在搞一件很有道德感的事情，这在标榜仁义礼智信的宋朝来说，绝对是一件值得大书特书的事。

可是，历史的真相从来都不是那么的理直气壮和义正词严，它也包含了人性的狭隘与唐突。简单地说，宋孝宗是被养父抓的壮丁，宋光宗是被亲生父亲抓了壮丁的弱鸡，而宋宁宗则是士大夫嫌弃弱鸡的替代品。

换句话说，这三次禅让都不是什么可以让人心悦诚服的事，多多少少是带了点阴谋的，而在这个过程中被选中的所谓主角，又能期待他们拿出什么大作为呢！

宋孝宗是宋朝的第十一位皇帝，他并不是一个有雄才大略的君王，但是与其他刚刚即位的皇帝一样，他总想着要搞出点什么大事情，好满足自己内心那躁动不已的虚荣心。特别是自己刚刚从一个默默无闻的宗族子弟，一跃成为万人之上的帝王，那么不做出点惊天动地的大事情似乎就不足以了此一生。

这一点和完颜亮何其相似！

所以，他即位不久就匆忙启动了一件和完颜亮有点儿类似的事情：北伐。

这个时候金兵刚刚撤退，宋朝刚刚从灭国的危机中挣脱出来，按说应该抓住这个时机，要求根基未稳的金国新皇帝修改协议才是。但是，也许是宋孝宗真的受了养父的感染，以为之前那场长途奔袭南京御驾亲征的表演都是真的，或者是因为儿时在民间听多了关于岳飞的传说，以为历史真的就如戏文中演绎的那么简单，所以在对待金国的这件事情上，他的胆子竟然莫名其妙地膨胀起许多倍。

打呗！能有什么复杂的！

没上过战场或者不了解真实战争的人，永远只会用他的认知渠道去理解战争，以为那就和孩子们做游戏一样，说打就打，也不会缺胳膊少腿，打完了中午还能回家吃饭。

所以，这场北伐真的就打成了一场儿戏。

当时的宋朝并没有做好关于北伐的任何准备，甚至根本就没考虑过要搞什么北伐，因为大家都不怎么愿意和金国开战，包括已经是太上皇的宋高宗，也包括满朝的文武大臣。客观上看，虽然金兵刚刚退却，但很大程度上是由于内乱所致，并没有伤到什么元气，此时北伐并没有十足的获胜把握。

关键是，为什么要打呢？打了能有什么额外的好处吗？现在的情况是，金国人渝盟在先，所以只要派使臣去问罪就行了。既然如此，那为什么还要打呢？

所以，宋孝宗得到的是众口一词的反对意见。

但是宋孝宗也是个年轻人，年轻人就有年轻人的思路。你们不让我北伐，我绕开你们还不行吗？

于是，宋孝宗瞒着宋高宗，也绕过朝廷的决策机构，直接给边镇的心腹大将下命令，让他带兵八万出征北伐。

当然，这种莽撞的后果也是极其严重的。

比如，统军的主帅只有一张圣旨，而没有相关机构的公文和对接手续，这在防备武将如同防贼一样的宋朝，几乎是不可想象的。大家心里很容易就犯起嘀咕：这事到底靠不靠谱呢？万一那张圣旨是伪造的，我们此举岂不是就如同造反了？

比如，大军所到的州县也是一脑门子糊涂账。北伐？什么时候的事？让我提供粮草可以，手续呢？对不起，我不是要看你那张圣旨，我要看上级的手续。什么，没有？那对不起了，你们不能进城，是的，你长得帅也不行！

再比如，北伐这是多大的事，绝不只是在战场上随便打赢一仗就完了，而是牵扯到方方面面的配合。想当年岳家军何等英武，北伐时也需要三路齐进、相互呼应，也需要提前几年就联络当地义军共同起事。而这次只有一支区区八万人的偏师，对敌方的情况也是两眼一抹黑，这种情况就想着能横扫中原？

那也未免太小看北边这匹瘦骆驼了！

而且要知道，金兵刚刚在长江边上吃了宋军水兵的亏，现在看见宋朝军队正恨得牙痒痒，正巧你舍了船来搞平原对阵，搞得人家不迎面揍你一顿，你还真的以为自己本事挺大呢！

就是因为这些因素的影响，尽管宋军在先期势头不错，也顺利攻占了淮河北岸的几个小城镇，但等金兵一回过神来，宋军立刻开始毫无悬念地一败再败，在很短的时间内就被人从淮河北岸一路追到长江江边，双方又恢复成老虞横空出世时的状态。

不过好在此时两边的心态都是不希望继续打仗的，新登基的金国皇帝肯定不想重蹈完颜亮的覆辙，所以一直都没有下死手，多多少少都留着一些讲和的情面。而宋朝这边的宋高宗，听闻宋孝宗竟做出这等“不孝之举”，立刻把他扯过来劈头盖脸地痛骂了一顿，要不是他懒得再当这个劳神皇帝，这一下可能就直接把宋孝宗给废了。

这一场骂把宋孝宗彻底骂怕了，他也终于明白了一个道理：自己在宋高宗面前，永远只是那个从宗室里选出来的幸运儿，只要宋高宗在世一天，自己就逃脱不了必须按宋高宗意图办事的魔咒。

所以，在从此之后的二十多年里，他一直老老实实认认真真地遵循着所谓的“孝道”，再也没敢做出任何的出轨之举。而他能被后人追以“孝宗”的庙号，和他这二十多年的表现不无关系。中国人谈及“孝”，总离不开一个“顺”字，这两个字合起来加载在宋孝宗的身上，其实也就注定了他一生“准傀儡皇帝”的命运。

话说回来。当金兵大军追着北伐的宋军再一次地压到长江边上，这一时刻，两国的状态又多多少少有了点当年澶渊之盟的意思。简单地说就是你吃不掉我，我也吃不掉你，都想议和但又羞于开口。

宋孝宗一看这次祸惹大了，干脆还是我张嘴求和吧，自己主动一点，也能让求了一辈子和的老头子早点消消气。就这样，两国都在精疲力竭当中冲着对方晃了晃腰刀，随即就再次愉快地坐下来一起喝咖啡了。

这一谈还是有效果的，由于宋朝的底牌很明确，而金国的底牌也不是那么难猜，在这种情况下，要论起博弈的技巧，宋朝方面那些个久经官场的士大夫多多少少还能占点儿上风。于是在三哄两骗之下，宋朝总算比之前挽回了不少面子。

比如，之前的金宋是君臣关系，金使来宋，宋朝皇帝理论上是要跪迎的——虽然事实上从来就没真的跪过。但是经过这次折腾之后，两国从君臣变成了叔侄，我只要喊金国皇帝一声“阿叔”就好了，大家都是亲戚，而且你也不给压岁钱，那么连理论上也不用跪了。

比如，以前宋朝给金国金帛，被称为“岁贡”，是在行臣子之礼。这下好了，又改回叫“岁币”了。金国皇帝说了，你每年记得足额给我这个当叔叔的压岁币就可以了，而且念你江南地窄国弱，象征性地减少一些，以前是五十万，从今往后每年给四十万就好了。

宋孝宗比对方皇帝小四岁，叫一声“阿叔”倒也还算勉强叫得出口。最主要的是，他就算不想喊又能怎样？上面有宋高宗看着，底下有一群士大夫掣肘，打又打不赢，甩又甩不掉，实在是由不得他去选择。

而宋高宗的感觉却是很好的，自己的儿子叫对方皇帝为叔叔，那说明自己比对方还是要更牛一些的，这种地位可是以前从来没有享受过的。

这就是宋金之间的第三次议和，但由于年号改了，所以它不叫“绍兴第三次议和”，至于叫什么，其实不重要，知道它是第三次就行了。

这次议和也是宋孝宗所谓政绩的终结点。经此一挫，他那原本兴致勃勃的进取精神瞬间消失殆尽，在此之后的政绩也就基本上乏善可陈了。

其实这也怪不得他，本身注定了就是一个花架子皇帝，还能指望他做出什么惊天动地的大事呢？说实话，他能保住自己的位置就已经算是很不错了。

这种状态发展的结果是，宋孝宗干脆养出了一副得过且过的性子，甚至都有了些依赖心理，以至于宋高宗驾崩之后，他竟没有丝毫的解放感，反而有种失去依靠的无助感。

据说宋孝宗在宋高宗葬礼上哭得很是伤心，那眼泪大概是真的。

而且哭完以后，他并没有像外界猜想的那样放开手脚大干一场，而是在两年之后就匆匆禅位给了自己的儿子宋光宗。

不过值得一提的是，就是因为他在位期间这样的无为而治，再加上对面金国有意识的休养生息，宋金两国竟迎来了难得的四十年和平。就在这一时期，双方都积极致力于恢复生产，社会上很快又出现了久违的繁荣局面，北宋盛世恍然之间又在大江南北得以重现。

宋光宗是宋朝的第十二位皇帝，也是历史上有名的不孝皇帝。宋孝宗以“孝”为庙号，却生出了一个不孝的儿子，而且还以“不孝”闻名于世，这也算得上是罕见的奇观。

说起来宋光宗本人并没有多少恶名，史书上把这些作恶的缘由都归结给了他的老婆李皇后，而宋光宗又是个典型的妻管严，一切事情都听老婆的摆布，加上李皇后本身就是个嫉妒成性的女人，而且对宋孝宗极有成见，所以就导致宋光宗看似无端地做出了很多“不孝”的事迹。

比如，宋孝宗退位后，一直关心儿子体弱的毛病，有一次找人专门调制了特效药丸送去。可是李皇后看见了，非要跟宋光宗说这是因为宋孝宗后悔禅位给他，想毒死他后再重新登基。

那个时候的化验技术也跟不上，虽然在药丸里检测不出明显的毒物，但换了个宫人服用一段时间之后，竟口鼻流血不止，这一下就不由得宋光宗不信了。

其实这也好解释，宋光宗体弱，调制的药丸里必有一定剂量的补药，而正值青春期的宫人每天坚持吃这个，流个鼻血长个口疮什么的也属正常。可是事情就怕两头说，本来挺正常的一件事，被李皇后添油加醋一番之后，就成了彻头彻尾的阴谋诡计了。

再比如，按照宋孝宗对宋高宗的惯例，宋光宗应该定期去父亲那里问安，但是有李皇后在中间作梗，父子两人竟然能够做到一连好几年都不见一面。

这一下连士大夫们都看不下去了，毕竟这是有违礼制的事，传出去有失皇家颜面，所以大家趁着一次重阳节，集体奏请宋光宗率队去拜见宋孝宗。本来大家都已经排好队要出发了，可是李皇后偏偏就在这个当口冲了出来，一把将宋光宗拉了回去，死活就是不让他去。

她的顾虑也好理解，万一父子俩聊开了，发现以前的误会都是这个老娘们一手制造的，那可怎么得了！

所以，一直到宋孝宗去世，父子两人都没有再见过面。本来老皇帝想在临死前见见儿子，宋光宗这边听说父亲病危，也的确动了心思，但最终的结果还是和以前一样，被李皇后生生地给拦了下来，只派了儿子作为代表，去看看宋孝宗大概会在什么时候死掉，好能让自己彻底放下心来。

本来满心期待着能见儿子一面的宋孝宗，这一下搞得连病带气，在看到孙子之后没多久就直接驾崩了。

而更让人不可思议的事情还在后面，宋光宗居然拒绝主持父亲的葬礼。

不用猜，这也是李皇后的主意。估计是担心自己会在葬礼上被人参奏不孝，现场被骂得下不来台。因为宋朝的朝堂里还是有不少敢言之人的，平时在奏折上不理他们也就罢了，毕竟纸面上的东西还能压得下来，可是如果现场给了他们发言的机会，可以断定那是百分之百要出问题的。既然有这么大的风险，那么还是不要让它发生的好。

李皇后的想法当然是好的，但是宋朝的士大夫们也不是吃素的。这大宋朝毕竟是赵家和士大夫们共治的，什么时候轮到你一个外来的皇后专权了！于是没过多久，宫内突然传出一个爆炸性的消息：宋光宗决定禅位给儿子宋宁宗。

这当然不是因为宋光宗也想仿效父亲和爷爷去当安稳的太上皇，而是士大夫们集体导演的一场“宫廷政变”。其实，这个时候的宋光宗已经病得有点儿神志不清了，每天只知道在李皇后的监视下饮酒作乐。在士大夫们看来，因为皇帝无能而被外戚专权跋扈，这种事在大宋朝简直就是“是可忍，孰不可忍”。行了，反正平时也找不到你，有你跟没你都差不多，干脆直接把你踢下去，再换一个平时找得着的人来当皇帝。

于是宋光宗就这样稀里糊涂地结束了自己短暂的皇帝生涯，大宋朝的历史正式进入了宋宁宗时期。

宋宁宗是宋朝的第十三位皇帝，在位三十年，经历了不少的大事，但多数都是被动应对的，只有一件是主动去做的，那就是学他爷爷又搞了一次北伐。

算上上一次宋孝宗搞的北伐，这已经是宋金之间的第七次战争了，不过这显然还不会是最后一次。

其实战与和的选择只是一种类似于自然现象的存在，而绝不会是一种价值判断，它是会随着客观条件的变化而变化的。只要大宋的朝堂一直稳固，这种战与和的纷争就会一直此消彼长地发展下去，除非哪一天大宋朝亡了，才不会有人继续惦记这件事。

那么这次，也不过是主战派再一次占了上风而已。

相比宋孝宗的那次，这次的北伐还稍微地有点样子，至少在开战之前，从皇帝到满朝文武都是知道并且支持这件事的。不仅如此，他们还在全国上下造足了声势，招兵买马什么的就不说了，最明显的一个动作就是追封岳飞为鄂王，同时追回了秦桧的爵位和谥号，从“忠献”改成“谬丑”。

这一举一动都有深意，金国人不可能看不明白。但是风水轮流转，以前是完颜亮挑衅而宋高宗装傻，现在完全反转过来了，变成了金国人一而再再而三地劝诫宋朝不要擅动刀兵。可是，在全民情绪高涨誓死要恢复中原的舆论环境中，这种劝诫反而成了敌人示弱的证据，成了主战派发兵北伐的信心支撑。

同仇敌忾是好事，但是如果陷入狂热，以至于放弃了理性，那就变成要命了。

当时朝堂内外都在谈论北伐，但是大家都忘了考虑一件非常重要的事：

谁去北伐？

是的，就是这么个看似简单的问题，以前似乎从来没有人考虑过，但是当前这又成了一个不容回避的问题。

这是因为，相比宋高宗时代的宋金战争，时间已经悄悄过去了几十年，任谁也抵挡不过这种时光的摧残。当年叱咤风云经验丰富的战场猛将，此时都已经是垂垂老矣的古稀老人了，而现在军队里的士兵，都是一些几十年没上过战场的人，就算他们初生牛犊不怕虎，愿意去战场上搏一搏，但是谁来领军呢？

承平日久，国中似乎已经没有人能在北伐这件事情上独当一面了！

缺少这种堪当大用的帅才，只是靠着一身蛮力去和敌人硬拼，那是断难有胜算的。

所以，和上次的北伐结果一样，宋军又是先胜后败，最后干脆被金兵全线压境，长江以北的土地又被占了个七七八八。

真难以想象如果没有长江天险的屏障，宋朝的防御到底能支撑几天！

接下来的又是千年不变的情节：宋金议和。

这次金国也没有下太大的狠手，只索赔三百万两白银，然后督促宋宁宗把主战派大臣的脑袋砍了，就慷慨地把江淮之间的大片土地还给了宋朝。这样做并不是因为金国皇帝心慈手软，而是因为他自己也着急要结束这场战争，好腾出手来应对北方新出现的边患。

边患？是不是很长时间没有听过这词了？不过这个“边患”和老赵时期的“边患”已经不是同一个概念了。这个边患是金国的边患，指的是铁木真，也就是历史上大名鼎鼎的成吉思汗。

历史就是这样悄无声息向前发展的，就在宋金之间还在如同冤家一样争斗不已的时候，铁木真已经一步步地统一了蒙古各部，脱离金国的从属，作为一股新锐势力正式登上了历史舞台。这一时期的蒙古，已经成为与金、夏、宋，还有西辽、大理等并立的政权，并且迫不及待地开始了它的吞并战争。

也就是说，从这个时候开始，金国人不可一世的好日子终于过完了，之后就属于过一天少一天，一天不如一天了。

事实上不光金国，对其他政权来说也是如此，当然我们的大宋朝亦在其中，最终都会沦落为蒙古帝国吞并的对象，只不过此时的它还偏安江南，没有首当其冲而已，与其他国家相比，也就多出了几十年可以尽情折腾的安生日子。

宋宁宗赵扩

宋理宗赵昀

第九章

爱看热闹的吃瓜邻居

南宋　赵伯驹《江山秋色图卷》(局部)　北京故宫博物院

搞完了一次不成功的北伐，宋宁宗的日子就变得消停了许多，潜心在江南过起了自己的小日子。不过在吃瓜的同时，他也不忘偶尔瞄一眼北边这个老邻居，看看他是怎么被蒙古人暴虐的，以及有没有可能瞅个机会打打秋风啥的。

而此时的北方，正在上演着一场与一百多年前几近相同的剧情。

一百多年前，当权的契丹人不把女真人当人看，最终把女真人逼上了造反的道路。

一百多年后，当权的女真人也不把蒙古人当人看，最终也把蒙古人逼上了造反的道路。

当年契丹人怎么对待女真人的，今天女真人就是怎么对待蒙古人的。

但是这个事情不能只用主观意义上的骄奢淫逸和不长记性来解释，那只是表象，而真正的深层次原因还是关于生存权的争夺：

我们现在已经是老大了，你们又想做大？那怎么行！

就是这么个简单的道理，无论是辽对金，还是金对蒙古，都是如此。

但是这之中也有不相同的地方，那就是力量的对比。

蒙古部落可比当年的女真部落大多了，如果契丹人在面对女真人时可以称之为“碾压”，那么女真人在面对蒙古人时最多只能称之为“打压”。

即便是打压，也只是拉拢蒙古的其中一个部族去打另一个部族。虽然所有蒙古人加起来最多也超不过二百万人，可他们表现出来的战斗力显然是这些已经高度汉化的金国人所不能无视的。

金国皇帝最害怕的一件事，就是突然有一天整个蒙古部落都联合了起来。

而铁木真偏偏就干成了这件事——他统一了蒙古的各个部落。

五指攥成了拳头，金国人就有点招架不住了。

很快，金国的中都，也就是今天的北京，变成了蒙金战争的最前线。蒙古的军队已经迅速强大到可以一边围攻中都城，一边分兵到金国的河北、山东、山西等地去四处劫掠。最重要的是，金国竟然对此无可奈何。

这就是大问题了。首都四周的区域都随时有蒙古人的军队出现，而且有不少人干脆就赖在当地不走了，这让大金国的皇帝怎么能有安全感?

那么，在打不赢的前提下，怎么才能有更多的安全感呢?

于是金国人想到了宋朝人的经验：我们境内不是还有条黄河吗?

得了，迁都吧，黄河南岸还有个现成的开封，到了那边还省得重新盖宫殿呢。

于是金国皇帝就浩浩荡荡地入住了这个昔日仇敌的国都，一点儿也不嫌弃它的不吉利，也根本忘了一百年前自己的先辈在这里做过些什么。

而金国皇帝这么一动，整个金国的人心也就跟着动了。

大家看地图可以更直观一些，金国的领土就像一个东北向西南延伸的狭长四边形，中都大致是处在正中间的位置，向北向南延伸都还算便利。蒙古人攻打中都，从中间这么一掐，本来就弱化了金国皇帝对北方地盘的控制，金国皇帝再往南一逃，基本上就逃到了南边边界附近，这就等于在形式上抛弃了黄河北岸的所有地盘。

在当时，虽然蒙古人整体上处于四处出击的状态，但毕竟金国人手里还攥着北方地区不少的重镇，比如金国所谓的几大京城就一个都没有丢掉，驻守在里面的几十万军队如果集中起来，应该还是可以背水一战的。

可是，当本来就已经成为惊弓之鸟的金国士兵突然之间又听说皇帝老儿扔下他们独自跑了，而且是直接跑到千里之外的黄河南岸去了，那么，还怎么能奢望这些远在塞外的部队继续保持原有的斗志呢？

于是很快，金国的北方重镇一个接一个地被攻陷了，那些原地驻守的军队有的直接被屠杀，有的则集体投降成为蒙古人的附庸。

面对这些情况，金国皇帝当然也会着急，但是他又笃定自己肯定打不赢蒙古人，所以根本没想过要去跟蒙古死磕。而再往南迁似乎也不行了——开封已经够靠南的，再往南就真的到边界了，总不能把都城建到宋朝地盘上去吧？

想到这里的时候，金国皇帝的脑子突然灵光一闪。他立刻冒出一个很大胆的想法：

咦，为什么不呢？

那么虚弱的宋朝都能退守江南并且成功立国，我们大金为什么就不能这样做呢？

可问题是，已经有一个宋朝在江南了啊。

那怕个什么呀，让他给老子滚一边去！

就这样，金国皇帝在北方还乱成一锅粥的情况下，却毅然召集军队朝着南方邻居发动了全面战争。

他的想法真的很天真：蒙古人抢走的东西都要从宋朝人那里补回来！打不赢蒙古人，还打不赢南宋人吗？

只可惜，他还真的打不赢了。

因为今天的金国已经不再是一百年前的金国，而今天的宋朝也已经不再是一百年前的宋朝了。这已经是一句老话，可惜直到这个时候还有很多人没弄明白，或者是不愿意相信。

宋宁宗对金国南进这件事还是稍感意外的，但也并不完全在意料之外。虽然他日常表现得有些不思进取，但这并不意味着他的智商就有问题，至少他会换位思考，他会设想如果自己是金国皇帝，面对现在的形势会做出什么样的选择。

说白了无非就是上中下三策，上策是联宋抗蒙，中策是稳宋抗蒙，下策是伐宋抗蒙。

三种情况他都考虑过，只是没有想到金国皇帝那么笃定地就选了下策。

看来这个敌酋不是脑子有问题了就是脑子有问题了。

而事实也证明，这一招真的是下策之中的下策。

金国人几乎投入了手里的所有底牌，但打了一年半，非但没有拿到之前所期待的大片疆土和赔款，反而消耗了大量的有生力量。很多兵力本来可以用来防守蒙古，却被牢牢钉死在宋金战场上动也动不了一下。

这还不是最糟糕的。就在宋金战争陷入胶着的时候，蒙古人正在稳扎稳打地把金国的北方疆土逐一拿下，眼瞅着长城以外的地盘没用多少时间就全部丢掉了，甚至包括女真人的东北老家在内，也都被蒙古整个儿地打包吞并了。

而这还没算完，趁着这个乱劲儿，金国山东、河北一带的农民又开始造反了，两块最富庶的地区就此失去控制。

完了吗？还没有。它还有个好邻居西夏呢，人家可是等了好长时间了，就等着趁你顾不过来的时候咬你块肉呢。

结果西夏这么一动，山西、陕西又被打得七荤八素的，也基本指望不上了。

经过这么一阵折腾，大金国的地盘里还剩下什么？

只剩下黄河南岸这么一块地方了。

这一下没头脑的金国皇帝总算是回过神儿来了……那啥，我是不是应该从宋朝撤兵啊？

撤兵？

宋朝军队可不管这个。哦，你说打就打，说不打就不打？当我大宋是什么？球吗？

金国皇帝被逼得实在没办法了，行了行了我认输，我主动讲和，我求你讲和，这总行了吧？

可人家宋宁宗也是这个脾气：哦，你说讲和就讲和，凭什么？！

不！高！兴！

结果金国的使者压根儿就没让过去，直接在边境就给堵住了。

宋宁宗这样做，表面看起来的确是长了大宋朝的威风，但其实是做了一笔很不划算的买卖。因为金国无论选择打仗还是求和，目的都很明确，就是获取能够继续支持对蒙作战的物资。既然你能看得如此明白，何不就给他物资，让他成为宋朝抗击蒙古的屏障呢？

别人都能舍得命去，你还舍不得一纸薄面和那几十万两银子吗？

可惜，金国皇帝一误在前，宋宁宗二误在后，导致宋金联合抗蒙的最优战略最终只能沦落为一种单纯的想象了。

这种结果当然也加快了金国灭亡的速度。

这个时候不仅是金国，宋朝其他的那些老冤家，也都面临着或者已经迎来了灭亡的日子，而消灭他们的主体，都是蒙古这个莫名强悍的庞然大物。

比如西辽，前面说过，这是契丹人辽国政权的残余或者延续，在金国人灭了辽国之后，这个契丹人政权独自在今天我国的新疆及周边地区又存活了八十多年。虽然它在那个区域当中确实当上了老大，但这种无敌的前提是隔壁的蒙古部族必须始终是一盘散沙，只有这样，蒙古才不仅不会对西辽造成任何威胁，反而会成为西辽与金国之间的缓冲屏障。

但这一切都在铁木真统一蒙古之后变得不复存在。

就在宋金之间打得正热闹的时候，蒙古人不声不响地灭了西辽，彻底堵住了金、夏两国未来再向西北败逃的出路。

西辽亡国了，蒙古人的下一个目标就是西夏。

西夏给周围所有邻居留下的印象都不太好，比较统一的一条是毫无信义，一言不合就打群架，翻脸比翻书快多了。

蒙古人很明确地知道，自己的目的是彻底消灭敌人，特别是老仇人金国，那么，为了能够一心一意地跟金国打仗，就绝不能在身后留下这么一个说翻脸就翻脸的邻居。

西夏就这样迎来了最死心眼儿的敌人。

同时也是最强悍的敌人。

为什么说它最强悍？因为蒙古走的是“滚雪球式”的成长模式。

玩过滚雪球游戏的朋友可能会有类似的感受。雪球最终滚得大不大，关键在两条，一是滚的区域大不大，二是这些区域内的雪能不能被及时粘连起来。

蒙古人所依仗的秘密武器是他们所骑的蒙古矮马，这种马跑不快，爆发力也不大，但是它的耐力特别强，这也就意味着，它能带着蒙古人去征战更广阔的地方。

区域的问题解决了，那么怎么实现资源的有效粘连呢？也就是说，怎么把从战争中获得的资源转化成属于自己的力量呢？

除了传统的抢钱抢人抢粮食以外，蒙古人在每一场战争的过程中还非常执着地做了两件事。

第一件事是及时把投降的军队收编起来。

不过，并不是直接收编到自己的军队里，而是单独编列成军，在下次冲锋的时候当作炮灰来用。

这也就是说，在很多场战争，包括一些很著名的战役中，所消耗的都不是蒙古人自己的军队，而是这些投降的部队。

包括灭亡南宋的战役，以及两次东征日本的战役，蒙古人派出去的部队主体都是由汉人组成的，当然，也有不少来自西域以及更远地区的少数民族，其中包括契丹人、女真人、羌人，甚至是阿拉伯人、斯拉夫人、日耳曼人、凯尔特人。

反正这就是一支顺次投降过来的多国部队，蒙古人一点儿都不嫌弃，敛吧敛吧就当成前锋部队用了。这支部队的好处是永远不会减员——因为俘虏多的是，甚至每打完一仗之后，都会莫名其妙地发现自己部队的人不仅没有损失，反而变得更多了。

而真正的蒙古军队呢？它的规模只有十万人左右，所以都是宝贝。除了最初的对外扩张之外，蒙古大汗是不会主动拿蒙古军队出来攻坚的。这些蒙古族勇士死一个少一个，才舍不得随便放到战场上去呢。

所以，为什么只有一百多万人口的蒙古族，却可以支撑得住那么大强度的战争消耗，答案应该已经很清楚了。

第二件事就是把俘虏当中的工匠们挑选出来，组织他们成规模地制作各种器具，包括军械和各类攻城武器。

说起来蒙古人一开始的战斗能力并不算强，只靠传统的狼群战术和射箭，也就能在草原上横行一阵子而已，这些做法和契丹人、女真人、党项人相比，并没有什么本质上的差别。但是后来不知道哪一天，蒙古大汗的脑袋一下子开窍了，意识到最大的战争潜力其实就蕴藏在工匠们的斧凿里，于是不管打到哪儿，他都要着魔了一样玩命地聚集工匠。而就是这个改变，让蒙古人径直走上了当时的科技最前沿。

换句话说，有了这个转变之后，蒙古人不仅继续拥有草原骑兵的传统优势，而且还额外拥有了所有交过手的敌人所使用过的各种黑科技。

像抛石机之类的器械，在处于兼并战争后期的蒙古人眼里，都已经属于是很低端的武器了，他们所依仗的王牌器械，基本上都是那个时代最先进的“热兵器”。

比如“震天雷”，这种东西有点类似于今天的手雷，扔出去一炸一大片，只要距离够了，穿透个两三层盔甲也是分分钟的事。

再比如“突火枪”，这东西设计得有点像今天的火焰喷射器，喷射距离最长的能有十几米，用它来对付敌人冲锋，特别是重甲骑兵和步兵的冲锋，那是再好不过了。

可以想象，这些高水平的器械被批量使用在以冷兵器为主体的战场上，那会是一种怎样的摧枯拉朽式的效果。

那效果很可能比当年契丹人碾压女真人的时候还要让人震撼。

蒙古人就是用这样滚雪球的方式，最终让自己成长为一股庞大得难以想象的力量。

不过在刚刚开始面对西夏的时候，蒙古人的雪球显然还不够大。因为当党项人发现自己在野战中占不到任何便宜之后，干脆把城门一关，蒙古人居然就毫无办法了。

让这个时期的蒙古人去攻城，那还真有点儿赶鸭子上架的意思。他们的强项是骑术，而攻城必须弃马，这本身就是个不可调和的矛盾。这也是为什么同为游牧民族，蒙古人在面对无论哪方面都比自己弱小很多的西夏，居然接连打了六次、历时二十二年。主要原因就是，它还没有让自己成长到一种绝对优势的地位。

促使这种地位改变的因素来自一场西征。当时蒙古人正玩命地跟西夏死磕，背后突然冒出来一个中亚政权叫“花剌子模”的，以为蒙古人看起来傻呵呵胖乎乎的很好欺负，就稍稍欺负了一下。结果铁木真暴跳如雷，索性暂时撇下西夏不管，集中手里的所有力量，先去攻灭了这个盘踞在中亚地区的大国。

这场战争的最大意义并不在于蒙古人打完花剌子模之后还觉得不过瘾，又一口气往西溜达到了俄罗斯，重点在于蒙古军队在这个西征的过程中顺利地攒够了经验，实现了对西夏乃至金国的能力反超。

以往蒙古人和金国、西夏对抗，特别是在打攻坚战的时候，那情景有点儿类似于游戏中的新玩家直接去和中等玩家对抗，经验不足，级别不够，只靠蛮力去打，是很难有胜算的。但是老天偏偏给了蒙古人一个专门去打野战攒经验的副本，等灭了花剌子模之后，蒙古人的雪球一下子变大了不少，也基本攒够了灭掉金国和西夏的资本。

其实这件事的意外发生，最占便宜的应该是西夏，如果这个时候的党项人能审时度势，就应该赶紧联合宋金两国合击蒙古国的老巢，然后再集中力量围点打援，把蒙古人彻底打败，重新恢复成之前的战略平衡。

即便是这样做有难度，你最起码也该休养生息几年，积蓄一点战略物资和军力。

可人家偏不，人家甚至连想都没想过这种事。

那他们干什么去了？

这帮人一根筋地趁这机会赶紧跟金国开战。

这似乎也怪不得他们，想来缺水的西北高原上也肯定诞生不了鹬蚌相争的寓言。

对于这个时候的党项人来说，也许是已经把近两百年的肆无忌惮变成了习惯，导致他们不仅没能从邻居们身上学会韬光养晦，反而处处表现得咄咄逼人，不管自己有没有那个底气，反正就是要咄咄逼人。看不惯我？你咬我啊！

党项人这种性格不仅表现在贸然跟金国开战这一件事上面，党项人的彪悍性格是深入骨髓的，就连蒙古人的面子，他们也是说甩就甩。

比如，铁木真当时选择退兵的时候，其实是跟西夏讲了个条件的：要我退兵可以，但是你必须派人参加我的西征部队。

这件事如果放在别人身上，那思路是很明确的：你让派人我就派人去呗，反正又不可能派自己的主力部队去，至于杂牌军，派过去随他怎么折腾也不心疼，实在没人的话就组织一些战俘和死囚犯去充数，先把蒙古人哄好了再说。

可人家西夏牛得很，讲和时答应得好好的，然后就跟记不住一样，死活就是不肯派人，后来好催歹催地终于派人去了，待了两天觉得心情很不爽，招呼都没打一个就擅自跑回来了。

党项人的这种做派，看起来像极了一个刚刚踏上社会的毛头小子。

只可惜这种意气用事的背后没有任何的资本可以用来支撑，那这就是典型的作死。

于是，就在西夏时刻面临蒙古人带来的死亡威胁的时候，居然还坚持着每年都跟金国人打上一两仗，就好像它背后的蒙古人根本不存在一样，就好像它完全忘了自己刚刚甩完铁木真的面子，把他气得浑身发抖了一样。

几年之后，蒙古人得胜回来了，正好西夏也把自己的血放得差不多了。当然，它也捅了半死不活的金国好几刀，挺好的两具尸体，静等着蒙古人来收割。

蒙古人当然没有客气，尤其在打完花剌子模的城池之后，再来看西夏的一座座土城，那感觉就像是在过家家一样。

于是西夏以史无前例的速度沦陷了，只有一座城市扛住了第一波进攻，那就是它的都城兴庆府。虽然这个时候它已经改名叫中兴府，却没有表现出任何一点点中兴的迹象。

应该说党项人在这一场战役中表现得非常勇敢，但是他们所有的努力只是稍微延迟了一点最终沦陷的时间，并不能真正地挽回什么。

而且就在党项人咬牙准备作最后死扛的节骨眼儿上，谁也没有想到的事情发生了：

老天爷突然跳出来刷了一把存在感，直接给城里放了个 6 级大地震，一下子就把党项人给震蒙了。

大敌当前，又遭天谴，难道灭国真的是天意吗？

其实不是天意！你自己把首都建在中国东西地质构造带的结合部上，以前震没震过，震过多少次，自己心里就没点儿数吗！

可是在那种情况下，这种说起来很正常的地质现象，却给党项人的群体意志带来了极具毁灭性的打击。

意志垮了，城也就守不住了。就在公元 1227 年，也正好是北宋亡国一百周年的时候，西夏最后一个皇帝开城投降，西夏灭亡。

虽然蒙古人事先承诺了不屠城，但是他们才懒得跟你讲信用。

履行承诺？说得好像你以前就履行过承诺似的！

于是新仇旧恨加在一起，蒙古人最终还是在入城之后彻底地疯狂了一把。

这种疯狂的结果是，党项人作为一个单独的民族，整体上彻底地消失了。不仅是人，连同他们的历史和文化，甚至是他们所创立的一套在汉字繁体字基础上的更为复杂多变的文字体系，也被蒙古人大差不差地毁了个干净。

从那之后，我们再想了解这个曾经辉煌了近两百年的少数民族政权，就变得异常艰难了。

这里需要提一句的是，一代天骄铁木真就病逝在这场围城战役当中。他没能亲眼看到西夏的灭亡，不过从他留下的遗言看，他一点也不怀疑对西夏战争的胜利，而且雄心勃勃地规划了未来灭金和灭宋的战略。在他的眼里，只要有人的地方，都应该是蒙古人的领地。而他的子孙后代也严格地继承了他的志向，一口气把当时地球上许多国家都纳入他们的统治之下。

西夏完蛋了，蒙古人的下一个任务就是收拾半死不活的金国了。

此时的金国已经弱小得不成样子了。

怎么形容呢？之前那个狭长四边形国土的绝大部分都丢掉了，金国皇帝所能控制的只剩下之前提到的黄河南岸，大体上是自西向东的一片更为瘦长的区域，而且这个区域里也不是绝对安全的，金国的势力已经被迫龟缩到其中几个重点城市当中，从陕西的关中一直连接到江苏的邳州，就是这么一长溜，连个入海口也没有，倒也省了宋高宗那种出海逃难的念想儿。

仗打到这种地步，基本上就是在倒计时了。因为这片瘦长的区域根本供养不起对蒙战争所需的物资，所以金国皇帝此时正在吃的都是老本，吃一点少一点。而唯一还能称之为依仗的，是他手里还攥着二十多万人的部队，这是大金国最后的家底了，万一运用得当，说不定还能成为扳回局面的本钱。

但是，这个希望很快就破灭了。

因为蒙古人并没有像金国人设想的那样，从北面硬攻潼关和黄河防线，而是选了一条迂回的道路，先从陕西关中越过秦岭，进入汉中平原，再沿着汉江顺流而下，绕到了金国防区的背后，从南面突然发起攻击，冷不丁地就吃掉了他们屯集在后方的十五万精兵。

蒙古人能顺利实现这一招必杀技，要多亏了宋朝皇帝那自以为是的谋略。因为要绕这个路，就必须经过宋朝的国土，而且这一路上都是天险，如果宋朝不同意，那是万万绕不过去的。单是一个秦岭防线，就足以挡上蒙古人一年半载的时间。

这个时候的宋朝已经换了新皇帝，就是宋理宗，他是宋朝的第十四位皇帝，在位四十年。

在历史上，“理宗”是一个很特别的庙号，好像也是独一无二的。之所以得到这样的庙号，并不是因为他学了理科，而是因为他一生酷爱理学。

酷爱到什么程度呢？基本上就当成精神鸦片了，几乎常年沉迷其中，以为自己悟到了人生的真谛，然后看其他一切都觉得俗气无比。

而所谓理学，本质上是一种阶段性的思想融合产物。对于没兴趣深入研究这个理学的同学们来说，只需要知道两点就够了。第一，这个学问很牛，而且好像直到今天还一直牛哄哄的。第二，它比较形而上，也就是说它是一种着眼于宏观指导而不是微观操作的东西。

就在宋理宗的带领下，当时宋朝的上上下下都开始崇尚一种高大上的“空谈”，说白了也就是单纯地论哲学、玩逻辑、讲伦理，每天说的做的都显得特别有领导范儿，让人“不明觉厉”，但是细想起来，又好像没有什么具体的作用。在这种氛围的影响下，那些真正经世致用的才学反而慢慢变得不那么被人重视了。

能够在战火连天的年代孕育出这样的一种社会氛围，只能怪大宋朝此刻的生存环境太过优厚了。

而在这种环境中成长并开始执政的宋理宗对蒙古人基本上没有

什么具体概念，只知道那是老仇家金国的敌人，那么敌人的敌人就应该是朋友。

难道不对吗？

宋理宗自以为参透了事物逻辑的本质，再加上小时候听到的一些抗金的民间文学激励，认定了蒙古人是代表了天理的正义之师，脑子一热就批准了蒙古借道的请求。

可你以为借道就只是借道？以前人家得费多少心力才能侦察到你沿途的军力部署，现在可好，几万人大摇大摆地搞实地考察，你还得给人家管吃管住。人家口头上说的是要去打金国，实际上脑子里觊觎的还是你。像这种肥羊，谁不想宰才是傻瓜。

事实也证明，后来蒙古攻宋的时候，汉江这一条线基本上走得毫无压力。本来宋朝面向北方的军防前线应该是秦岭北麓，结果硬生生地给逼到了襄樊到武汉一线。

话说蒙古人从后方绕袭开封的做法，直接就摧垮了金国苦心经营的最后防线，这一下，连那片瘦长的国土也守不住了，金兵被迫再次以开封为中心进行全面收缩，新的一场开封保卫战就此打响。

虽然同是面对外敌进攻，同是一场发生在开封城下的保卫战，但此时的金国怎么也不会再有一百多年前宋朝那样的勤王之师了。最主要的一点区别在于，宋朝首都被围的时候，绝大多数的国土还在，还有余力从各地调集力量背水一战。而今天的所谓金国，只剩下首都和周边的几个小城，灭亡只在顷刻之间，已经没有太多的变数了。

于是，这一场开封保卫战也就打得格外悲壮。

它最大的悲壮之处在于，即便这场战争打得再惨烈，也绝不会有任何的支援和补充。于是，它变成了一场纯粹意义上的消耗战。

对于金国的皇帝来说，只能眼睁睁地看着自己的手下一个接一个倒下，政权一点接一点地坍塌，而他除了不停地遣使求和之外，什么也做不了。

他的政令范围，只在开封的城墙之内了。

不过让人称道的是，即便在这样的困境当中，开封城仍然死死扛了三个月之久。

这三个月很不简单，因为蒙古军队占尽了优势，几乎用上了那个时代所有的攻城招数，这一场围城战，也就成了蒙古人集中展示自己尖端攻城技术的练兵场。

金国人扛得很辛苦，可终究是扛住了。

三个月之后，蒙古人退兵了，但显然不是被打退的，而是他们觉得天气太热了，自己主动后退的。当然，这肯定不会是白退，就像当年女真人敲诈宋朝一样，他们也和颜悦色地委托城里的金国皇帝，把此时的开封城里里外外地搜刮了一遍。

最关键的是，除了金帛之外，他们还索要了大批的粮食。

要知道在这个时候，粮食是比金帛贵重得多的战略物资。金国境内已经连续混战多年，大片的田地都荒废了，国库里的粮食只见减少不见增加，如果在真正恢复和平之前，粮食方面突然间出现了短缺，那么对于这个在理论上还称得上是国家的政权来说，绝对是致命的一刀。

但是蒙古人放话了，金国皇帝不敢不答应。

大批的粮食运给了敌人，开封城里很快就出现了饥荒。这个时候摆在金国皇帝面前的只有两条路：一是遣散手里的士兵，让他们自己出去找粮食吃；二是亲自带着士兵去别的城池找粮食吃。

因为担心自己无兵可用，金国皇帝选择了第二条，而这也成了他的人生不归路。

先说开封，金国皇帝离开之后，这座城池很快就再次被围。由于城中缺粮，加上大部分的生力军都被带走了，所以抵抗了没几天就宣布投降。蒙古人有样学样，也把金国的皇室，连同他们认为值钱的所有东西，统统打包拉回了蒙古。

这里面唯一和“靖康之变”不一样的，是这支悲惨的俘虏队伍里缺少了两位皇帝。

金国皇帝虽然侥幸逃过了这一劫，却也没过上半点儿消停日子。他一路上被蒙古人围追堵截，手里本来就只剩下几万残兵，结果还让人三下两下全给打散了，最后逃到他的亡命之地蔡州的时候，身边只剩下了几百人。

蔡州算不上是个大城市，从军事角度来讲绝对不是一个可以长期坚守的地方，而且它的位置又处于金国的最边上，再往南不到一百里就是宋朝。这在宋金两国还没有解除敌对状态的情况下，无疑又多了一份危险。

而这份危险很快就变成了现实。

宋理宗看待这个问题的思路很是实际，第一，你金国是我的仇人，第二，我跟蒙古合作揍过你，第三，你认为我还能和你一起去揍蒙古吗？

可是为什么不能呢？

连党项人都明白国家利益大于一切的道理，为什么这些满腹经纶的宋朝士大夫偏偏就想不通呢？

即便是金国人曾经攻打过宋朝，而且妄想过“从北边失去的就从南边补回来”，但那已经是上一个金国皇帝干的事了，眼下这个金国皇帝已经表达了足够的诚意，甚至很明确地提出，只要宋朝能给粮食，就算是拼了命也要咬下蒙古人一块肉来。

这难道还不算是便宜事吗？

难道非要等着宋徽宗宋钦宗托梦过来，你们才能回忆起一百五十年前的教训吗？

可惜，宋理宗根本没时间也没心情去考虑这些，他正忙着跟和尚道士们研究理学，一点儿心思也分不出来。在他的意识里，北边这些邻居怎么打架都是狗咬狗，我在看热闹的同时，能冷不丁地给老仇人脑袋上来那么一砖头，就已经挺好了。其他的，真的都无所谓。

所以，当宋军和蒙军的旗帜一起出现在蔡州城下的时候，宋朝的最终结局也已经毫无悬念地注定了。

公元 1234 年，在这个特别好记的年份里，在蒙宋联军的攻击下，小小的蔡州城很快就沦陷了，金国皇帝在狭小的寝宫里上了吊，金国到此宣告正式灭亡。

这里值得一提的是，如果从理论上讲，蔡州城里死掉的应该是两位金国皇帝。这位一路从开封逃到蔡州的皇帝很有骨气，宁死也不当亡国之君，所以在城破的最后一天，他主持了禅位仪式，把皇位传给了手下的一位宗族将领。

他的想法是，自己因为太胖而行动不便，这次注定要死在城里了。但是如果这位将领能在乱军当中杀出重围，说不定还能再把金国的国祚延续下去。

可惜这个梦想实在太难实现了，尤其是在宋蒙军队的联合绞杀下，小小的蔡州城根本不堪一击。这位叫完颜承麟的将领刚刚即位还不到一个小时，就被城外涌入的敌人给砍成了碎块。而他也因此成了中国历史上在位时间最短的一位皇帝。

金国灭亡之后，蒙宋两军依托短暂的战斗友谊，就在蔡州千疮百孔的城墙下面分割战利品。让蒙古人非常诧异的是，宋朝军队其他什么都不要，却坚持要带走金国皇帝的大部分尸首。似乎在他们眼中，这堆血肉模糊的尸块比金子还要值钱。

他们不懂宋朝人的逻辑，但是宋理宗懂，这就够了。

“灭金”英雄回国之后，宋理宗举行了盛大的祭祀仪式，就用金国皇帝的大半拉尸体当祭品，痛哭流涕地祷告先祖，宣称自己终于报了“靖康之耻”的国仇家恨。

一时间，举国欢庆。

让宋理宗激动的还在后面，很快又有人告诉他，英勇的大宋军队迅速向北推进，一举收复了开封、洛阳和商丘，把边界线重新恢复到了潼关和黄河一线。

从这里可以看出，汇报稿里历来都不乏骗人的水分。

在一百多年前，童贯大太监趁着辽国灭亡收复燕云的时候，也是这种语气。可是一百多年过去了，它背后的内容却没有发生任何实质性的改变。

说实话，这个时候宋朝收复的所谓失地，都不过是千里无人烟的空城而已。经过蒙金战争的反复蹂躏，黄河南岸的中原地区已经变成了彻彻底底的无人区，这也是蒙古人选择暂时撤回北方而任由宋朝军队去占领的根本原因。

当然，他们也需要一帮兴致勃勃的糊涂蛋，去帮忙打扫一下那些满是瘟疫的战场。

而后面紧接着发生的事，也证明了所谓的收复失地确实只是一场看起来很美的作秀而已。

就在两个月之后，宋朝军队刚刚把城池打扫干净、正准备开门营业的时候，蒙古人又准时来撵人了。

结果毫无悬念，宋朝军队在缺乏周边战略资源支撑的空城里，根本坚持不了几天。

蒙古人一路追杀，又劫掠了不少军资器械，继续粘到自己的雪球上，为再一次发动大规模的战争做着准备。而宋军又完全退到了原来宋金之间的那条分界线上，靠着经营了一百多年的淮河防线才拼命守住了边界。

几个月的折腾，完全是空欢喜一场。

唯一能聊作安慰的，就是太庙里金国皇帝的那大半拉尸首了。

只是不知道被熬成灯油的那父子俩，在听说这件事之后，到底会是一种什么样的心情。

宋度宗赵禥

注：本章所写四人，由于宋代最后三位末帝年纪幼小，未能留下图片，故此处只有宋度宗一人图片。

第十章

风雨飘摇的父子四人

南宋　赵伯驹《莲舟新月图》(局部)　辽宁省博物馆

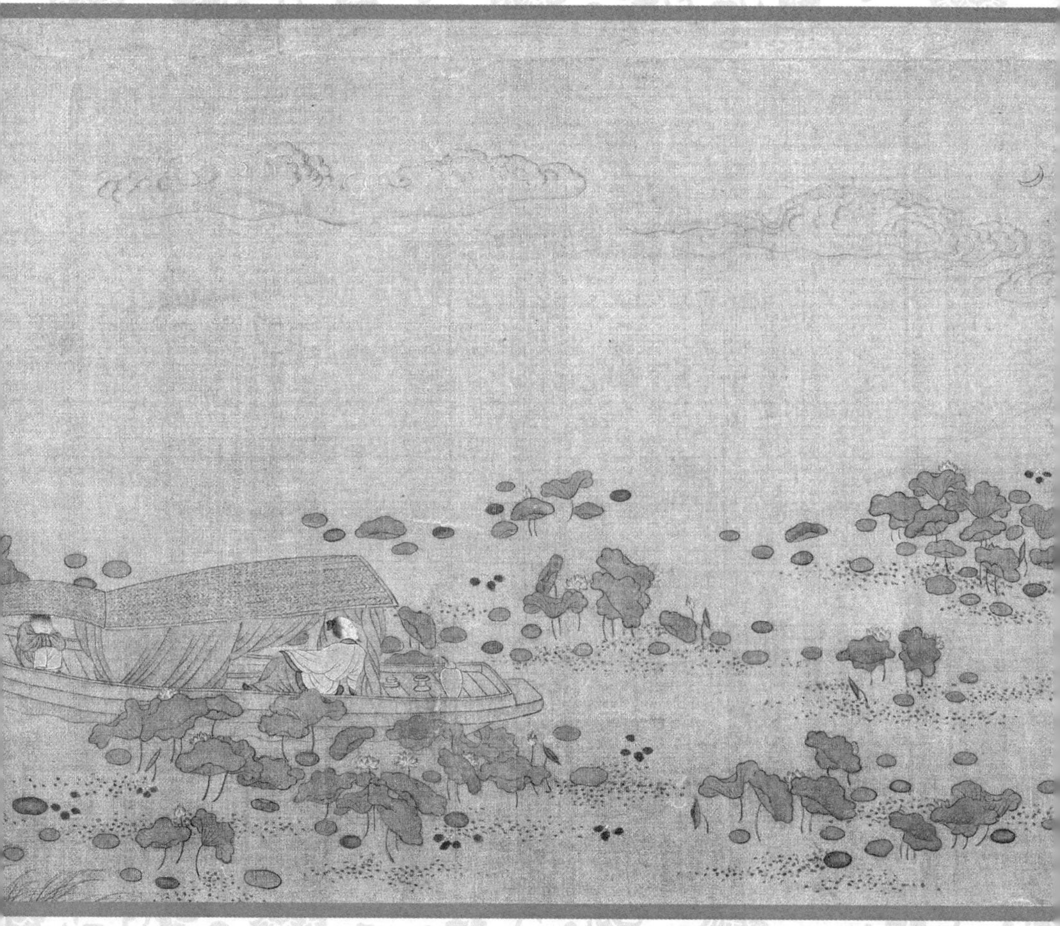

从灭金到灭宋，蒙古人总共用了四十多年的时间。但这并不是说宋朝的防御就坚固到能硬生生地抵挡住四十多年的进攻，这段时间大致要分成三个阶段来看。

前二十年，蒙古人自己乱成了一锅粥。

中间十年，四川人让蒙古人乱成了一锅粥。

到了最后十年，这两个政权才开始认认真真地干仗。

当然，和我们能够预想到的情况一样，在前头的二十年里，宋朝人一点有价值的事情也没干，他们在宋理宗的带领下坚持不懈地钻研理学，自嗨得不得了，感觉人生已经到达了巅峰。

当然这并不是说宋朝就麻木到一点儿危机感也体会不到。金国没了，宋朝的边境线上就屯上了蒙古兵，虽然人家一直都没有搞大举进犯，但毕竟是新人，相互都不怎么熟悉，所以摩擦总归还是有一些的。

可是真正让宋朝人切身体会到来自蒙古的威胁，却是出现在宋朝一直引以为傲的商业领域。因为宋朝人发现，虽然这二十年里蒙古人总体上表现得很消停，但是不知为什么，跟宋朝做生意的人却一天比一天少了。

是我们的产品质量下降了吗？往年的那些个收购商怎么就不来了呢？

结果一打听，人家都让蒙古给灭了……

这个时候的蒙古帝国就像一个胃口极好的大胖子，一刻不停地吞吃着周边的一切政权，把自己养得越来越肥。

如果拿一张这个时期的地图来看，就会发现宋朝的头上横贯着的，是一个大到几乎不讲理的大蒙古帝国。西北方向一直延伸到欧洲的匈牙利，西南方向一直到埃及，在这个区域内的原来大大小小的所谓国家，基本上都让蒙古人给团灭了。如果对比起来看，蒙古帝国就像会场主席台上耸立的一大块背景板，而与之相比，宋朝就更像是一个站在背景板面前发呆的孤零零的傻孩子。

但是大宋朝的表现也像极了一个孩子，他只是看了看这块随时可能砸下来的背景板，然后什么都没有做，就低下头玩自己的去了。

其实按照当时的情势，蒙古人即刻发兵灭宋，那简直是板上钉钉的事。

但蒙古人偏偏没有这样做。

这个原因很复杂，简单地说，就是这二十年里蒙古人一直都很忙。

忙是因为他们一不留神就占领了太大的地盘，而且由于惯性的缘故，还在持续不停地占领着新的地盘。这么多地盘怎么分、怎么管，总得有个说法吧？

要是铁木真还活着，一切都不是问题，但是现在铁木真死了，而蒙古人能控制的地盘还在不断扩大。大家都是平起平坐的兄弟，到底谁听谁的呢？

蒙古人在这个问题上花了足足二十年时间，其间几经反复，终于削出了一个公认的老大——蒙哥。

蒙哥就是拖雷的儿子。

拖雷是谁？算了……就当我没说过。

这个名字之所以能被今天的你我所记住，并不是因为他当上了蒙古大汗，而是因为有一群四川人，给了他这个名垂青史的机会。

这群四川人的做法是用石头砸死了他。

然后那个硕大的蒙古帝国又自乱了将近十年的时间……这是后话了。

公元1256年，蒙哥大汗刚刚坐稳了老大的位置，就开始策划怎么把宋朝也给吞了。

当时有两种意见，一种是直接上门去打，另一种是从地处云南的大理国绕道，搞一次跟对付金国一样的战略迂回。

蒙哥刚当上这个老大不久，那种君临天下的感觉刚刚上来，于是牛气哄哄地表示我才不绕道，我就直接开打，看他们能怎么样！

那你就直接打呗，反正你是老大你说了算。

于是蒙军就兵分三路，蒙哥亲自领兵从汉中南下攻打四川。

蒙哥想得挺好，先平定四川，再顺江东下直取江南，一切步骤都看起来很美好而且很有画面感。

但是，他忽略了四川这种地方，和他以前征战的内陆草原相比，差别实在太大了……

比如，你们蒙古人最擅长的是骑兵，可四川最多的是什么？山啊！在蜀道上玩骑兵，你脑子是让骑兵给踢了吗？

所以，当他踌躇满志地冲到重庆合川这个小地方的时候，迎面就碰到一场从来都没有见过的攻城战——钓鱼城之战。

说钓鱼城是城，不如说它更像是一座建在山顶的山寨，因为它的形态和以往战争中的传统城池相比，差别实在是太大了。

首先它没有护城河，如果说有，那就是在山下绕山而过的三条大江：涪江、渠江和嘉陵江。这护城河选的，比宋太宗当年毁掉的太原城还要牛气。

其次它也没有多高的城墙，而且在很多墙段上只是堆砌了简陋的石块，看起来似乎不堪一击，但是重点在于，这些石块是堆砌在坡角接近九十度的山顶之上。

这就很有威慑力了。

想象一下，如果把攀岩和攻城这两件事结合起来让你干，你会不会感觉很崩溃？

鲁迅先生说过，那简直是一定的！

所以，要想攻打下这样一座城池，在当时的物质条件下，基本上还是一道无解的题。

蒙哥也明白这个道理，于是他先采用了招降的办法。

结果使者让人家一刀宰了，从山顶上扔了下来。

蒙哥又担心，是不是因为之前的使者北方口音太重，对方没听明白，于是很贴心地换了一个刚刚投降的当地宋军将领去劝降。

这将领倒也不傻，压根儿没敢去爬山，从头到尾就站在山底下扯着嗓子喊话，可惜，没注意山顶上扔下来一块石头，正巧砸中他的肋骨，也给交待了。

这下蒙哥生气了，准备长期围山，把山上的守军困死。

可是几个月过去了，山顶上仍然欢声笑语的，一点儿也不像吃不上饭的样子。

蒙哥觉得不对劲，一打听才知道，人家山上之前攒的粮食够吃十年的。

那水呢？水也多得是，据说山上有一百多处泉眼，有事儿没事儿就四处冒水。要知道这可是天府之国的四川地区，要是渴也能渴死人，那还真是个搞笑的事了。

这就很让人尴尬了。

那能绕着走，先不打这里了吗？

其实操作上是完全可以的，但是人家蒙哥大汗的心理上怎么也绕过不去。

我蒙古帝国立国以来一直所向披靡，怎么能遇到困难绕着走呢！

这就属于是嘴硬了。当初打西夏的时候，他们绕了六回都不止呢，但是现在蒙古人强大了，心态变了，所以倔劲儿也就跟着上来了。

没办法，老大非说要打，那就打吧，反正投降的军队有的是，让他们去送死也不觉得心疼。

而这个打的结果也是显而易见的，除了每天增加几百具尸体以外，一点儿实质性进展也没有。

钓鱼城上山的道路本来就很窄，所谓的城墙迎击面最多只有十几米宽，每次只能让很少量的人去爬梯子，而后面的人只能排着队等着挨砸。兵力得不到有效展开，就大大增加了攻打的难度。

至于那些攻城器械，在面对这么高一座山的时候，基本也都失去了原有的威力——因为实在太高了，器械的射程根本够不着。

于是时间就这么耗过去了。

这个时候正好是农历的七八月份，是四川地区最热的时候，蒙古人本来就怕热怕潮，所以心情也会莫名其妙地跟着焦躁，再加上攻城一直没有进展，把蒙哥急得也是百爪挠心。

他没法儿不急，要知道，另外两路蒙军的进展都非常顺利，这么一比，身为大汗的自己居然还落后了。这怎么能行！

心里一急，就容易办点不着调的事。你说你心急了，去前线看看，发表个重要讲话，再杀几个鸡儆个猴啥的，大家也都能理解，但是你穿了一身扎眼的黄金盔甲，还带着那么些个黄金侍卫，然后还一直走到正在攻城的一线兵士中去，你说你这不是找挨砸吗？你以为是拍电影呢！

就在蒙哥站在高台上发表重要讲话的时候，一块从山顶上扔下来的大石头，冷不丁地就砸中了他身边的石棱子，于是各种碎石以极大的冲击力穿破黄金盔甲，直接就扎进这个大汗的身体里。

在那个年代的医疗条件下，这种伤害基本上就是致命的，而这偏偏又是在夏天的四川，空气又热又潮，伤口的感染速度非常之快。

这个结果毫无悬念，蒙哥很快就死掉了，但因为他是蒙古帝国的大汗，所以他的死引发了一连串影响深远的连锁反应。

首先是攻打四川的蒙军撤了。

其次是另外两路攻宋的蒙军撤了。

最后是远征欧洲和西亚的蒙军也撤了。

蒙哥毕竟是蒙古的大汗，所以他在发兵攻宋的同时，还派了人去继续攻打欧洲和西亚，继续拓展帝国的领土范围。当时各路的进展都很顺利。眼瞅着蒙古人就要统一欧洲和非洲了，结果突然之间听说老大死了，于是大家毫不犹豫地放下一切既得利益，一股脑儿地长途跋涉赶回蒙古草原。

这是因为大家跟蒙哥感情深厚，要着急回去奔丧吗？

是才怪呢！刚才说了，大家本来都是平起平坐的兄弟，好不容易削出了一个老大，大家虽然心里不服气，但表面上也就认了。现在可好，老大又没了，机会又来了，那得赶紧回去继续削，争取把自己削成新老大。

于是从这一刻起，蒙古人自己又开始内乱了。这一乱，就给欧洲、西亚，乃至北非的各个国家都带来了喘息的机会。而且从这之后，蒙古人再也没有搞过西征，本来已经危如累卵的西方各国都劫后余生般地缓了一口气。

我们可以大胆设想一下，如果不是出现这个意外的变故，攻打欧洲的蒙古人很可能会一直打到法国和西班牙，而攻打西亚的蒙古人很可能会沿着非洲北部的路线一直向西打，他们最终会在地中海西部的直布罗陀海峡会师，这样一来，蒙古人就几乎真的要征服当时欧亚大陆上所有的政权了。

这就是蒙哥这个人的死给当时的世界带来的影响，不可谓不大。

而这一切的影响，归根结底都是某个职业扔石头的四川人造成的。

四川人除了给世界带来了这种巨大的反转型的影响之外，也给当时同样危如累卵的大宋朝带来了新的生机。

刚才说到，因为蒙哥的死，另外的两路蒙军也匆忙撤军了，其中有一路就是由后来的元太祖忽必烈带领的。他之前的进军非常顺利，从云南绕道进入贵州和湖南，前锋一直打到了江西境内，一度把宋理宗吓得要死要活的，差点儿又要学宋高宗出海避难了。

这里就不得不提一个叫贾似道的宋朝宰相了。在这种危急存亡之际，宋理宗派他带兵出战，他倒是也真的去了，而且总体上表现得并不坏，但是问题在于，他利用当时消息传输不便的漏洞，向宋理宗隐瞒了忽必烈退兵的真实原因。

忽必烈想要退兵，当然和其他人一样，是想回去争夺汗位的，如果他不回去，那结果很可能就跟当年的金国完颜亮一样，最后让乱兵一刀给砍了。所以他必须回去，而且必须赶紧回去。

贾似道身在前线获知了这个消息，于是主动向忽必烈提出议和，双方当然是一拍即合。

但是，当贾似道再转过头跟宋理宗汇报的时候，事情就变成另外一副样子了。

他说，忽必烈是自己带兵打退的，而且被自己打得一败千里。不信皇上您看，大殿门口这几个蒙古兵就是我们抓的俘虏。虽然数量有点少，而且看起来都老得不成样子了……咳咳，但是这真的是我们在一场异常激烈的战斗之后抓到的俘虏。

最后这句话倒不假，几千宋军围攻了蒙古人一支掉了队的运粮队，那场战斗真的是很激烈，而且大家都表现得很勇敢，最后和蒙古人打了整整一个下午，大家合力杀了十个人，俘虏三个人，获得大捷！

当然类似这些细节问题，贾丞相是绝对不会跟皇上汇报的。

但是对宋理宗来说，这件事的意义就很不一般了。本来都以为自己要当亡国之君了，突然之间发现身边冒出个诸葛亮，可以摇摇羽毛扇就决胜于千里之外，这可找谁说理去！

于是举国再次欢腾了一阵。

欢腾完了，蒙古使者来找贾似道，索要之前说好的银子和土地。这贾似道倒也干脆，直接就把人给扣了，一点儿风声都不让宋理宗知道。

忽必烈听说了这件事，虽然恨得牙痒痒，但是也无可奈何。这个时候他在国内的地位还没巩固好，不能贸然就去报这个违约之仇。不过没关系，这笔账可以先记下来，等以后慢慢再算。

于是大宋朝又安享了近十年的太平光阴。

在享受完几年自欺欺人的安生日子之后，宋理宗终于病死了。老天爷为了惩罚他标榜理学的虚仁假义，连一个儿子都没有留给他，最后只能是他的侄子即位，就是宋度宗。

宋度宗就是宋朝的第十五位皇帝，即位时二十五岁，在位十年。

关于宋度宗的评价，历史上的口径也是比较一致的，因为这个人说到底就是个低能儿。

为什么这么说？因为史书上记得清楚，说他“资识内慧，七岁始言”。

七岁才学会说话，这是内慧？

还真是难为这个史官了……

除了说话晚，宋度宗还有一个特点，就是软弱无见识，最突出的表现是所有事务都靠着贾似道这个“中兴之臣”来处理，自己根本没有任何想法。只要贾似道愿意继续当宰相，其他的事，他想干什么就干什么，他想怎么干就怎么干。据说有一次贾似道突然表示想要撂挑子不干了，急得这个小伙子居然在朝堂之上就想给他下跪，求他别走。

这在以礼仪著称的宋朝来看，简直就是破天荒的荒唐事！

但贾似道并没觉得有多大的不妥，毕竟按照宋理宗的说法，他是对大宋朝廷有“再造之功”的，所以他根本没把宋度宗这个傻乎乎的嫩小伙儿看在眼里，依然安安心心地当他的宰相，同时也不停地劝宋度宗安下心来当太平天子，其他什么都不用管。

就算天塌下来也有我老贾顶着，你就放心吧。

在国家明明处于风雨飘摇的时节，偏偏又遇上了这么个无能皇帝和一个莫名心大的宰相，大宋何愁不亡国！

大家都不太明白，而且直到今天仍然有很多人不明白，贾似道这股子毫无危机感的安稳劲儿，到底是从何而来的呢？

其实大宋朝远远没有贾似道标榜的那么安稳，相反，它的状态就如同坐在一座火山口上，随时可能发生危险。就在宋度宗刚刚即位几年后，忽必烈顺利搞定了国内的事情，迅速集结重兵再次南下攻宋。宋蒙之间的战争也就由此进入了第三个阶段：最后的十年。

敌人进犯这么大的事，贾似道却仍然用他的老一套来应对，那就是坚决不能让皇帝知道。

关键他居然真的做到了！

当宋度宗第一次听说敌人进犯这件事情的时候，距离真正的进犯时间已经过去整整三年了。也就是说，敌人已经把前线的襄樊城围困了三年多的时间，可最高统治者竟然是第一次听到这个消息，而且还不确定这个消息是不是真的。

不过这些也都不重要了，因为贾似道一直梗着脖子说没有这事，而宋度宗居然也懒得去深究，就这么随便问了一嘴之后就给放下了。可能对他来说，只需要知道贾似道还在旁边就够了，他相信不管发生什么样的事情，贾丞相肯定都会替他处理好的。

而且为了不打扰皇帝的美好生活，贾似道又很贴心地把皇帝身边敢说真话的人都一一咔嚓掉了。这一下，宋度宗的太平天子梦就做得更踏实了。

这里不得不提一下襄樊这所双子城池。贾似道能在宋度宗面前欺瞒了这么久而最终没有穿帮，其实主要是源于这座城池的功劳。人们常说钓鱼城给大宋延长了二十年的国祚，这二十年中有至少五年都是襄樊城的坚守所铸就的。

蒙古要攻打宋朝，襄樊城是一个绝对回避不开的门户。

这个门户的称呼可不是虚的，因为它正坐落在古代中国陆路的交通枢纽上。对古人来说，如果谁控制了襄樊，那么谁就至少拥有了五条可以选择的战略路线。

一是往南去，可以沿着宜城通道直达荆州，控制江汉平原，堵住四川军队出川的三峡通道。

二是顺着汉江一路向东南，就可以直接占领武汉，控制长江中游，威慑下游。

三是沿着方城通道往东北去，占据许昌，进而挺进中原。

四是往北，直接就是洛阳。

五是往西北，直接就是西安。

而在打下襄樊之后，蒙军事实上所采用的进军路线，就是第二条。

所以说，襄樊的战略意义绝对不可跟钓鱼城同日而语。对蒙军而言，如果愿意的话，钓鱼城这个小堡垒是完全可以绕过去的，但是襄樊这个战略门户，是绝对绕不过去的。

也就是说，只有硬打下来这么一个选择。

蒙军明白这个道理，宋军当然也明白这个道理，所以双方都在襄樊这个地方投入了自己最大的兵力，这里也因而成了双方比拼国力的主战场。

说起来襄樊城其实是两座城，襄阳和樊城，在汉江的南北两岸夹江而建，城墙高厚，依山傍水，江面上还建有浮桥，可以实现相互之间的战略支援。

而所谓的襄樊防线，也并不只是这两座城池这么简单，它还包括汉江上下游的一系列水寨和要塞，依托当地细密的水系和地形，共同构成一个极其复杂的防御体系。

宋朝打造这样一个防御体系，前前后后用了十几年的时间。所以，这绝对算得上是一场准备充分的攻防战役，至少对襄阳和樊城这两座城池来说，绝不会像其他城池那样，打着打着就没箭了、没粮了啥的，因为它们有很多可以获取资源的渠道。从理论上讲，只要城墙还在，就绝对有坚守下去的可能。

而且，这两座城也真的做到了。

蒙古人本来是想速战速决的，可没想到，这一打居然就打了五年多的时间。其间蒙古人用尽了各种办法，可就是死活攻不破这个设计缜密的防御体系。

出现这种结果并不是因为蒙古人笨，而主要是缘于两个方面的因素。

一方面，蒙古人毕竟大多数是骑兵，面对这样复杂多变的攻坚战，他们还是要更多地依靠投降的汉军，以及刚刚开始编练的蒙古水军。而要打造一支能和宋朝水师相抗衡的水军，那绝对不是一年两年的事。

另一方面，宋朝在相当长的一段时间里，始终能够依靠自己的水军优势和斗争经验，源源不断地把物资和兵员送进城去。哪怕是在蒙古人烧了浮桥、封锁了江面，在襄樊外围又构建了一个巨大的土围子之后，仍然没能彻底隔绝两座城池与外界之间的联系，仍然有大宋的勇士可以顺利突破重重围堵，把成船成船的物资输送进去。

这个意义就绝不仅仅是几袋盐、几件军服那么简单了，只要有援军能冲进来，哪怕什么都不带，也是对守军的巨大支持和鼓励。

不过可惜的是，这种支持和鼓励并没有一直坚持下去。

终于有一天，当襄樊城的守军悲伤地发现，似乎城里已经有很长时间没有人来过了。虽然粮食和军械还算充足，但是士兵死掉一个就少了一个。

这也就意味着，他们要完全依靠城内残余的这些兵力，去面对蒙古人发动的一天比一天猛烈的进攻，而且似乎要一直这样下去，直到身边的人一个接一个地死去，包括自己。

这种突如其来的绝望感，对城里的士气造成了非常沉重的打击。

出现这种变化，并不是因为战友们不愿意再来救援了，而真的是心有余而力不足了。以前趁着蒙古人还没有准备好，周边的兄弟部队还能拼死支援一下，可蒙古人对这场围城战的资源投入是持续增长的，终于有一天，蒙古人投入的总量打破了双方力量的平衡，那么胜利的天平就开始不可逆转地向蒙古人一方倾斜过去了。

可是，宋朝就没有一直投入吗？

有啊，你没看人家朝堂上天天开会吗？

这边贾似道惺惺作态地说，国事至此我不能再爱惜生命，请圣上准许我亲自率军到襄樊城下迎敌。那边贾似道的一堆门生“扑通”一声就直接哭倒在皇帝脚下，说宰相大人是国家栋梁万万不可出京啊，万一有个三长两短的，皇上您可怎么办啊！

还没怎么睡醒的宋度宗一听这话就急了。

出京？那哪儿行啊！您老不在临安，我睡不踏实啊！

那前线的仗可怎么办？

前线？嗯……是啊，咋办啊？

又有一个贾似道的门生挤过来说，不如请宰相“居中以运天下”？

这话的意思就是，贾似道哪儿也不用去，就在家喝喝茶，摇摇羽毛扇，遥控指挥襄樊战场就行了。

宋度宗一听正中下怀：好好好，遥控遥控，就遥控！遥控就行了！您老要是觉得累，连朝也不用上了，在家指挥就行了，我让人把请示件按时给您送到府上去。

于是皆大欢喜，贾似道乐呵呵地回家批请示件去了，出了力的门生们排着队去贾府领赏钱，而宋度宗开完会继续回后宫花天酒地。一切都显得那么顺理成章安宁和谐。

不过似乎……有点儿什么重要的事给忘了吧？

什么？增援前线？你没看宰相大人正忙着斗蛐……咳咳……正忙着开会呢。请示件就放在这儿，回去等消息吧！

就这样，本来如果能够及时举全国之力增援襄樊，说不定还有一线翻盘的曙光，但是让贾似道这么一耽误，基本上就已经注定了城池迅速失陷的结局。

终于又有一天，蒙古人的水军编练好了，而宋军的水师由于得不到有效补充，被长期的消耗战给打残了，无可奈何地退出了战场。于是，汉江的水面上再也没有了大宋的船只，那原本可以用作天然屏障的宽阔江面，从此刻开始变成了蒙古人常态化轰击两座城池的靶场。

这一下宋朝守军的日子就变得更难过了。原来靠着独特的地形优势，以及对汉江江面的控制权，至少能保证城里有一部分地区是安全的。但是到了这个时候，城外已经基本没了宋军的立足之地，那么就只能剩下闷头挨打的份儿了。

可怜守军们还伸着脖子一天天地盼着援军到来，可他们最终盼来的只是对面越聚越多的敌人，以及一大批从来没有见过的巨型木头架子……

那当然不是普通的木头架子，而是蒙古人从西域学来的攻城器械，一种能够抛出超大石块的投石机。

你的城墙不是硬吗？一般的投石机砸上去不是不疼不痒吗？好，那你试试我这个。

据史料记载，这种投石机可以一次抛出三百多斤重的石块，而且据说射程非常之远，完全可以覆盖两座城池的所有区域。

三百多斤的大石头，从几百米之外的地方扔过来，想象一下，它的冲击力会有多大?

樊城的城墙就这样轻而易举地被砸烂了。值得一提的是，即便是在城池被彻底攻破的情况下，城里的守军也一直战斗到了最后一刻，几乎是全体殉国。

樊城失守，对岸的襄阳直接就投降了。

这也怪不得他们，因为很显然继续坚守下去已经没有任何希望了，就算朝廷真的已经派了援军过来，他们也肯定撑不到那一天了。

能坚守五年时间，这对于一座城池来说已经不算是耻辱了，至少面对着贾似道之流那一股子毫无危机感的安稳劲儿，襄樊的军民已经做到无愧于心了。

但是，大宋朝却危险了！

最重要的门户被敌人打开了，从此，偏安江南的大宋再也无险可守。

不是还有长江吗？

如果放在以前，这还算得上是个天险，但是如今，四川地区除了钓鱼城等几处孤立的据点以外，已经完全被蒙军拿下了。蒙军已经牢牢控制住了长江的上游，这样一来，他们就完全不用担心身后的四川会突然之间杀出一支宋军。不仅如此，他们还能沿着长江顺流而下，可以说是占尽了天时地利。此时的长江对宋朝而言已经不能再称为屏障了。

于是就这样，拿下了襄樊的蒙军又沿着汉江一路杀向东南，再从武汉开始沿着长江继续向东攻略，一路上再也没有遇到太大的阻挡。很快，湖南、湖北、江西、安徽、江苏等地四面开花，搭眼一看，凶狠的敌人似乎在须臾之间就能打到临安城下了。

贾似道这回才真的急了，这已经不是他瞒得住瞒不住的问题了，而是真的要面临国家的生死存亡了。逃避现实的代价就是这样，那过程看起来似乎很舒服，但是最终的结果往往就会积攒成一句“你承担不起”。

就在这个眼睁睁地看着国家社稷分崩离析的节骨眼上，宋度宗却突然之间驾崩了。

这里必须说清楚，他可不是因为忧国忧民而急死的。虽然宋度宗听说襄樊失陷之后也很着急，但是我们有理由相信，他直到临死的时候，都没想过真正要为之做点什么。

为什么能这样确定呢？

那要看看他到底是怎么死的。

根据史料推测，这位爷八成是纵欲过度而死的……

据史官记载，他的最高纪录是一个晚上临幸了三十多个妃子……

所以有些事情还真的经不起深究。

大宋朝最后的十年安稳光阴就这样被宋度宗毫无意义地浪费掉了，他只给苟延残喘的大宋留下了三个未成年的孩子。

而他们，就成了宋朝最后的三位皇帝。

公元 1275 年，宋度宗的儿子宋恭帝即位，这就是宋朝的第十六位皇帝。只不过这位皇帝即位的时候刚刚满三岁，也许给朝堂上带不来多少安全感和美好希望。

至于国家大事，只能继续依靠贾似道这个超级心大的误国贼。

直到这个时候，他才终于想起真的要领兵出去打打仗了，于是一把就带走了大宋朝手里最后的十三万精锐。所有参与送行的人都期待着，他还能像十几年前那样，摇摇羽毛扇就却敌于千里之外。

可事实上，这家伙到了阵前的第一件事，就是找人去和蒙军议和。

就在公元 1271 年，忽必烈正式建立元朝，把蒙古的国号改成了“大元”，所以此时对蒙军的称呼就需要改成“元军”了。

在蒙古人看来，当年忽必烈已经被这家伙忽悠过一次了，这次居然还想来这招，以为蒙古人好骗吗？更何况，上次是忽必烈自己着急要赶回草原去夺权，这一回蒙古人可不着急回去，是打定主意要去临安过年的。

所以蒙古人用一句话就把贾似道噎了回去：想议和？你得自己来谈！

他当然不敢来。

既然谈不了，那就开打吧。

其实说起来十三万宋军也算不少了，而且又是朝廷从全国精选出来的一批精锐，如果真的能够指挥得当，长途跋涉的元军未必占得了多大便宜。

更何况眼前的元军只是攻宋军队的一部分，单论数量远远没有眼前的宋军多，而且打的又是宋军最习惯的水战。这么算下来，理论上宋军获胜的可能性并不小。

但是可惜，这些只是理论上的结果。

此时的蒙古人已经不再是几十年前刚出道那会儿的样子了，多年的征战已经让他们的统帅积累了丰富的战争经验，也收拢了一大批有谋略的指挥者，所以他们的战术比起基本上没怎么打过仗的贾似道，不知道要高明多少倍。

元军最先发动的是火攻，就跟三国时期的赤壁之战一样，先搞了几十条火船顺着风势冲过去。

只凭这一招当然灭不掉宋朝的船队，因为只要派一些小船及时冲上去挡住火船，就能很快把危险清除干净。赤壁之战当中之所以用火攻能成功，关键在于敌人是处于猝不及防的状态之下，没能及时做出有效反应而已。

但是，元军就不懂这一点吗？

他们当然懂，他们也没奢望这一招就能真的烧着宋军，他们的真实意图就在“猝不及防”这四个字上面。

他们把形势看得非常明白，眼前的宋军水师防守严密、严阵以待，硬冲的话肯定要吃大亏。那么，当前最关键的一招就是要想办法让对手疏于防守，然后才能发动一场突然袭击。

那么，怎么才能让对手疏于防守呢？

方法也很简单，拖垮他们。

我刚刚搞了一场火攻，你都看到了对吧，那么好，我要让你相信，接下来我还要再搞火攻。但是到底什么时候搞呢？对不起，你自己判断。

于是剩下的五天里，元军冷不丁地就敲个鼓吹个号啥的，做出一副和之前火攻时完全一样的姿态，可就是不真的派火船出来。

而对面的宋军就倒了霉了：刚想坐下，对面就敲鼓；刚拿起筷子，对面就吹号；刚想睡觉，对面又敲鼓了。

你说我不理它？

那怎么敢！万一其中有一次是真的怎么办？历史上又不是没有这样的例子。

就这样连续五天，宋朝的水军始终处于一种吃不好也睡不好的状态，直到搞得人都快要精神崩溃的时候，元军的火船突然真的动了。

宋军大出一口气，赶紧派出小船应战，准备像上次一样挡住火船。

可谁也没料到，火船虽然像预想的那样出现了，但是就在这几十条火船背后，元军的主力战舰居然也跟了出来，顺着大风，径直冲向宋军的水军营寨。

你知道这种攻击对宋军来说意味着什么？意味着刚才派出去的小船根本抵挡不住，它们会和那些火船一起，被敌人的巨大战舰裹挟着，一路碾轧进自己的营寨。

而更糟糕的是，因为连续五天没有吃好睡好，现在水军营寨里的宋军将士都在轮番休整，真正能拿起武器马上投入战斗的人，恐怕连三分之一都不到！

我去！不会吧？这不是火攻？难道这是敌人的总攻？

他们没有猜错，这真的是总攻。就在宋军上下都惊魂未定的时刻，元军精锐已经瞬间杀到眼前了。而在大船上乱成一团的宋军将士们，根本来不及组织任何有效的抵抗。

与此同时，陆地上的元军也发动了全面进攻，之前在襄樊城下立了大功的巨型投石机也没有闲着，对着宋军的大船一砸一个准儿。

这还不是最糟糕的，最糟糕的是贾似道作为一军主帅，却根本不知道该怎么做出反应。由于有了上次的“大捷”，满朝上下都公认他是一个运筹帷幄的指挥天才，可能因为奉承的话听得太多了，到最后连他自己都相信了。可是现在事实证明，他在指挥军队这方面根本什么才能都没有，一切都只是他的想象而已。

统帅是个一等一的熊包，又怎么能奢望手下那帮将领能有多出色的表现呢？况且这些人本来斗志就不怎么强，再加上得不到明确的指令，索性一个一个扔下部队掉头就跑。

就这样，十三万大宋精锐一溃千里，被几万元军追杀得彻底散了盘。等贾似道回过神来，拼了命地想要收拢败军，却根本没有人愿意再听他的了。

大宋朝最后的一点儿家底，就这样让他给糟蹋了个干净。贾似道本人也因为这次的兵败，迅速被政敌排挤出朝廷，最后死在了流放的路上。

说起来他还算是幸运的，没有亲眼看见自己一手造成的宋朝末日。

但是和贾似道相比，宋恭帝就没有这么幸运了。

他是大宋的一国之君，蒙古人要灭的，就是他的国，所以他没得选。更何况他还只是一个三岁多的孩子，每天被人抱着坐在皇帝宝座上，估计连底下的人为什么会成天哭哭啼啼的都搞不明白。

所以说，大宋朝最后的岁月里，只剩下各地抗元将士的零星抵抗，和宋恭帝母子的几滴眼泪了。

在这些抗元将士里，最有名的就是江西赣州的文天祥。

其实算起来，他并没有真正为末日的宋朝做出太多实质性的贡献，他最可贵的地方在于那份鲜明的信仰和坚持，能够在明明有更好出路的时候依然选择坚守，而不是像其他很多官员那样，转脸就背叛自己的立场。

这就是问题的关键。

因为那些人是“逐”利的，而文天祥是“守”义的。人要想走得长远，就得有自己真正愿意相信的东西，而不是单纯地被利益的格局挤来挤去。

文天祥守住了自己所相信的东西，所以他就成了那个时代最鲜明的旗帜。

公元 1276 年初，就在宋恭帝登基还不到两年的时候，元军一路杀到临安城外，把这座当了一百多年大宋朝“行在”的城市彻底包围了起来。

这个时候，虽然各地还有不少城池掌握在忠于皇室的宋军手里，但是因为各自的兵力实在有限，任谁也突不破元军的包围，也就只好眼睁睁地看着临安陷落。

临安没有选择抵抗，因为从当时的实力对比来讲，再抵抗已经毫无意义了。大宋朝臣的最后一丝期待，是希望能够签订城下之盟，只要能保住大宋的国祚不断，其他任何的条件都可以答应。

但人家还留你干什么呢？

所以，宋恭帝的最后下场就只能是投降了。

好在元军并没有难为这个凄惨投降的小孩子，他和家人被一路护送到元朝的首都大都城，也就是今天的北京，面见了忽必烈。

此时的忽必烈已经深受汉文化影响，更重要的是，随着国家势力的日益壮大，他的眼界和格局已经超出了之前单纯的打杀争抢，变得更为超脱和自信了。所以，他并不想按惯例处死或者羞辱这些投降的宋朝皇室成员，而是把这个小孩子封成了虚衔的瀛国公，拿好酒好肉把他们养了起来，这一养就是几十年。

宋恭帝死的时候是五十多岁。之前他曾主动请求到西藏地区去研习佛法，并且最终成了一个很有名的学者。但是，可能因为这一生颠沛流离的经历始终郁郁于心，一不留神就倾注到了笔端，最后被身边负责监视的人告发，接着被当时在位的元朝皇帝赐死。

相比宋钦宗和宋徽宗，这个结局显然要和缓很多。

这里我们又要忍不住插播一个“天道轮回”的桥段了。想当年老赵篡夺后周的皇位，当时在位的也是后周的恭皇帝，孤儿寡母的被老赵夺了权。三百多年后，宋朝被元朝所灭，居然也是孤儿寡母，而且皇帝的庙号也是恭帝。虽然所谓庙号都是后人给取的，但是三百年的时间里的的确确是出了两个亡国的“恭帝”，这多少也算得上是个巧合吧。

后世还有人对这个巧合写了首打油诗：“当日陈桥驿里时，欺他寡妇与孤儿。谁知三百余年后，寡妇孤儿亦被欺。”

不过，宋恭帝的投降，并不意味着大宋朝已经举国臣服。事实上，在临安城破之后，宋朝的政权在名义上又延续了三年的时间。

因为就在临安被围之前，宋恭帝的一个哥哥和一个弟弟，被忠于皇室的大臣偷偷带出宫去，先后逃到了福建和广东。

在获知宋恭帝投降的消息之后，他的哥哥首先被大臣们拥立为帝，这就是宋朝的第十七位皇帝宋端宗，在位时间两年左右。

这两年的皇帝生涯其实并不好过，与其说是在位君主，其实就是个用来招揽宋朝败军的政治幌子。当时朝廷能指挥的士卒已经没有多少了，所以只能趁着元军还未追及的空隙，在福建到广东沿海的一线步步退却。

当时主政者的想法是，从以往的经验来推断，习惯草原气候的元军肯定忍受不了南方地区的湿热气候，很可能会像之前金兵追赶宋高宗那样，追着追着就撤兵回北方去了。这样一来，宋朝就能迎来一丝喘息的机会，就能争取到重整旗鼓的战略机遇期。

但是他们忽略了，今天的元军与当年的金兵相比，已经有了一个最为关键的不同。

那就是元军里已经有了大量的宋军降将。

这里并不是想说这些宋军降将就可以对气候问题免疫，所谓的气候，终究只是一个外在的偶然因素，它也是要服从于最终的政治需求的。

大家不妨想想看，这些为数不少的已经投降了元军的宋人，最希望看到的是什么场景？

当然是大宋举国投降了。要不然，终究会有人指着他们的脊梁骨骂他们是叛徒。可如果所有的人都投降了，大家彼此都一样了，也就无所谓什么叛徒不叛徒的了。

所以他们拼了命也要劝忽必烈对宋朝赶尽杀绝。

据说，当时的忽必烈真的有过放这个流亡政权一马的想法，可无奈的是，他怎么也架不住这些宋朝降将们语调一致日复一日的泣血进谏。

而且关键是你还找不出理由来反驳他们。作为投降者的他们，力劝新主子对敌人赶尽杀绝，似乎也没什么毛病……

于是，大宋的流亡政权就这样迎来了属于自己的命运。

就在宋恭帝投降、宋端宗即位的时刻，大宋朝已经完全变成了一个垂死的病人，在苦苦挣扎中默默等待着自己已经被注定的结局。这个时候所谓的宋朝政治版图上，只剩下了零零星星的残山剩水，悲壮地点缀在元军势如破竹的兵锋身后。

这注定是一场没有希望的抗争，但是对于这些忠于大宋的将士来说，似乎并没有别的归宿。

公元 1276 年的扬州，在城头苦苦坚守的守将李庭芝又迎来了一位劝他投降的新说客，但是这一次，手里已经搭起的弓箭却无法像往常一样朝着对方骤射出去。

因为眼前这个说客不是别人，正是宋恭帝。

在这之前，围城的元军已经派了好几拨人前来劝降，口口声声地说大宋皇帝已经投降了，李庭芝一直坚持不信，这一下，已经不由得他不信了。

坐在阵后的元军统帅踌躇满志地看着这一切，就等着这个难缠对手的精神堤坝彻底崩溃，然后乖乖地举手投降。

可惜，他想错了。

李庭芝的反应是突然大开城门，不顾一切地冲将出来，想要把宋恭帝夺回去。

这当然做不到。

但是，这个动作也让元军统帅彻底打消了招降的念头。因为他突然发现，李庭芝似乎跟之前投降的那些宋朝将领不太一样。那些人降与不降，需要的只是一个说得过去的理由。而今天他把这个理由活生生地摆在了李庭芝的面前，李庭芝却没有丝毫的动心。

那就只能继续来硬的了。

三个月后，已经苦守扬州一年多的李庭芝，接到了宋端宗在福州即位的消息，于是他再次不顾一切地突围出城，想要从海路赶去福建勤王。却不承想，才刚刚走出不远，扬州城就被一个意志不坚定的部下给出卖了，而自己也让元军在半路上逮了个正着。

元军统帅又给了他一次机会，只要他愿意投降，之前对大元朝一切的不敬和抗争都可以既往不咎，而且可以继续在新的朝廷里做大官。

可他仍然不要，甚至连诈降一下的表示都没有。

于是，这个十二世忠烈的大宋将门之后，最终惨死在扬州的法场之上。

几个月后，另一支元军从湖北、湖南一路推进到广西的桂林城下，就像他们之前屡试不爽的那样，派了一个使者进城告诉守城的宋军将领，你们的皇帝已经投降了，你也赶紧的吧。

镇守桂林的将领马塈（音同戏）很平静地把使者放进城来，先烧了书信，然后剁了使者的脑袋，从城头扔了下去。

元军统帅被拒绝得很不适应，以为自己没有把话说清楚，又派一个使者去，重点强调一下马塈你可要听清楚了，我们说的是，如果你投降，非但不会被追责，而且还会把整个广西交给你打理，让你当大都督。

马塈继续很平静地把使者放进城来，先烧了书信，又剁了使者的脑袋，从城头扔了下去。

这个元军统帅的倔劲上来了，又以忽必烈的名义告诉马塈，我前两次说的一切都是真的，你别不信啊好不好，有问题咱们慢慢谈，大家有事好商量嘛。

可人家马塈呢，继续很平静地把使者放进城来，先烧了书信，又剁了使者的脑袋，从城头扔了下去。

元军统帅终于发觉了自己的愚蠢，开始一门心思攻城。

说起来桂林城不算大，也不算坚固，但是这支元军却足足打了三个多月，一点儿便宜也没有捞着。直到后来听了当地人的建议，修了条水渠把护城河里的水彻底放干，才勉强打进城里。

马塈带着残余的士兵一直抗击到最后一刻，然后在一堵断墙前面伤重被擒。

这个元军统帅又耐着性子过来劝降，告诉他如果你现在投降，我就当你之前忽悠我的那几次事情都没有发生过，可好？

马塈的回答是一口唾沫啐在他的脸上……

马塈死了，但是他的一个部将娄钤辖继承了他的遗志，仍然选择在几百公里外的南宁城下继续坚守。

这个娄钤辖并不是一方主将，而只是一个小小的校尉，所管辖的只是南宁近郊的一个屯兵卫城而已，手下只有几百人。但是，就是这么一个小小的卫城，却在南宁城举城投降的背景下，敢于坚守不出，誓死不降。

这显然是已经抱定了必死的决心。

而这种决心，想来应该也是来自他的上司马塈的言传身教。

面对这种螳臂当车的举动，元军统帅觉得既敬佩又恼怒，但一个卫城的体量实在是太小了，军队根本拉不开攻城的架势，索性对其围而不打，希望能用缺水缺粮的现实逼迫他们回心转意。

元军统帅或许觉得，如果最终真的能逼迫他们主动来投降，就可以拿这个当例子去广为宣传，然后元军的攻击行为就不会被认为太过残忍，反而能找出一些“顺应大势”“识时务者为俊杰”之类的说辞。

这和那些宋朝降将的心思是完全一致的。

但娄钤辖也让他们失望了。

十几天后，这个渴饿至极的年轻校尉站在紧闭的城门之上对外喊话：先给我们一些吃的，我们吃完就投降，行不行？

元军乐了，以为自己的计划马上要得逞了，赶紧送了几头牛和十几升米进去，然后乐呵呵地等着他们开城投降。

但是，他们等来的只有城内一声震天彻地的巨响。

原来，娄钤辖和他的将士们把这些吃的分完之后，把全城的储备炸药都堆在一起，大家手拉着手，引燃了手里的火种……

于是那座小小的卫城，连同几百个大宋忠魂，一起烟消云散了。

自始至终，娄钤辖和他手下的士卒没有一个人选择投降。

就是这些让人扼腕感慨的忠勇之士，硬生生地撑起了大宋朝最后的精神脊梁。他们和文天祥一样，本来都有着看起来更好的选择，但是最终，他们还是选择坚守自己的信仰，并慷慨地为之付出了一切。

扬州、桂林、南宁失守之后，很快，重庆、赣州，还有温州、福州、泉州、潮州、惠州，逐个被元军攻占，宋端宗一行几乎丧失了在陆地上的立足之地，只好沿着海岸线一路向南逃亡。

如果只是舟车劳顿倒还好说，这一路上最恐怖的，是随时可能出现的元军船队、地方官员的背叛和屠杀，以及从来没有经历过的飓风侵袭。

任何一个因素，都有可能把这支可怜的流亡队伍引向末日。

宋端宗就在这样的惊吓当中挨过了不到两年的时间，最后在广东的横琴岛附近，一不小心被飓风打翻了大船，直接就落到了浑浊的海水当中，虽然被人及时救起，但已经是惊悸成疾，无法好转了。

公元 1278 年农历五月，宋端宗病死，死的时候还不到九岁。

这个变故不可谓不大，特别对那些还对复国抱有期待的人来说，绝对是个难以接受的打击，而且在他们的脑海里，因为这一路的颠沛流离，已经开始慢慢相信所谓的天命之说了。

元军自从开战以来，就一直宣扬所谓的天命，那套词就是我们所熟悉的什么气数已尽和天命所归，就是想让民众相信，元朝推翻宋朝是合理的，而且是必然能成功的。而这个合理和成功的最大理由，就是你看不见摸不着但似乎经常能感受得到的“天命”。

其实他们在这里混淆了概念，故意把“势”说成了“命”，把逐渐发展才能确立的“趋势”说成了从一开始就肯定会如何如何的“必然”。

宋朝的士大夫们不是看不穿这个，但并不是所有人都能在心理上经受得住这种一而再再而三的失败。

回头想想，似乎从襄樊城失陷以来，大宋朝所采取的军事行动就几乎没有真正成功过。很多之前一直追随左右的人也逐渐开始思考：哪怕这只是“趋势”，会不会也已经到了不可扭转的地步了？

所以，在宋端宗驾崩之后，很多人都准备就地解散了。

就在这个时候，一个叫陆秀夫的文臣跳出来阻止了大家。

他说，难道诸位臣工忘了还有一位皇子健在吗？

这句话一下子问醒了很多人。

的确，如果真的就这样放弃，那么不仅之前的坚持都变得毫无意义，也违背了自己自幼以来所树立的忠君爱国的初衷。

这种意义就如同文天祥回答劝降者的那句话。

当时别人问他：“既知不可为，又何必为之？”

文天祥是这样说的：

“譬如父母有疾，虽不可疗治，但无不下药医治之理。”

有的时候，这就是坚持的全部理由。

于是，宋度宗的最后一个儿子在这一年被大家拥立为帝，就是后世所称的宋怀宗，是宋朝的第十八位皇帝，也是最后一位皇帝。这个孩子即位的时候还不到六岁，但是很可惜，他已经活不到下一年了。

就在半年之后，元军做好了一切进攻的准备，把这支流亡政权所残余的二十万军民死死地围到了广东崖山这个地方，崖山之战也就成了大宋王朝的最后一战。

公元1279年农历二月，这场战斗正式打响。

宋军虽然号称二十多万人，但肯定大部分是跟随的宫眷和百姓，真正能上阵打仗的估计不会超过五万人。更何况，宋军在开战之前就被元军断了水源，很多人因为实在太渴而喝了海水，引发大规模的呕吐和腹泻，有的人已经虚弱得连刀都拿不起来了。

而元军整体上却是以逸待劳，蓄势待发。

为了保护宋怀宗，宋军把所有战船围在一起，把皇帝的船摆在最中间，以此为中心向外，每一圈都用大锁链勾连起来，形成一个巨大的同心方形船阵。

这种设计的初衷是好的，因为敌人要想接触到宋怀宗的大船，无论从哪个方向进攻，都需要先越过几十条战船的阻拦。但是，事情总是有两面性的，这种阵形让敌人不方便进来，也同时让中间的船不方便出去。试想，一旦船阵从一方被攻破，那么摆在最中间的那只大船，又该如何突破身后一层层船阵的阻拦，顺利地实现逃脱呢？

而这恰恰就成了最后的死穴。

这场战斗从早晨开始，一直打到晚上。宋军虽然勇敢，却招架不住对方有源源不断的生力军加入，眼看着元军就要突入船阵中央了，而宋怀宗乘坐的大船却怎么也转不过头来，原来用作保护的船阵此刻却变成了逃生的最大阻碍。

就在这个危急时刻，有几个武将拼了命驾着小船过来，想接宋怀宗从大船上离开。可是在那种混乱的场景下，忠心耿耿的陆秀夫实在无法判断眼前的人到底是忠是奸，所以宁死也不肯把宋怀宗交出。

唯一的逃命机会就这样被放弃了，但是似乎也在情理之中，埋怨不得这个文臣。

那么一切就成了单纯的时间问题。

此时的大船之上只剩下陆秀夫和宋怀宗两个人，其他的人要么逃了，要么死了。可怜的小皇帝还不知道发生了什么，只顾着被外面的喊杀声吓得大哭不止。

可以想象，这个时候的陆秀夫所剩下的就只有绝望而已，不会再有别的任何情感了。但是，他同时还坚守着一个信念，那就是绝不能让宋怀宗像宋恭帝那样，再被元军俘获到北方去。

所以，他痛哭流涕地对着懵懵懂懂的宋怀宗说道：

“国事至此，陛下当为国死。德祐皇帝（宋恭帝）辱已甚，陛下不可再辱！”

于是，宋朝历史上最为悲壮的一幕，就这样自然而然地发生了。

陆秀夫郑重地换上朝服，把小皇帝抱上船头行跪拜大礼，之后把他背在身后，系上玉玺，从几丈高的大船上一跃而下……

七天之后，宋怀宗的尸体被人在岸边发现，因为身上系有玉玺，所以很容易就被认了出来。据说，当时海面上漂浮着的尸体有十多万具，其中有很多人是在亲眼看见或者听说宋怀宗跳海后，带着和陆秀夫一样的情感跳海自杀的。

至此，宋朝在名义上的政权也彻底烟消云散了，宋朝三百多年的历史到这里彻底画上了句号。

就在崖山之战结束之后的一个多月，那座坚守了很长时间的钓鱼城，也在元军的劝降下开城投降。

而仍然标记着大宋符号的，似乎只剩下了大牢里那个死倔的文天祥了。

当时有很多人认为，只有征服了文天祥，才算得上是对宋朝最为彻底的征服。只要这个人能够低头，那么，一直被宋朝军民所标榜的气节，就会像那个小皇帝一样被无情地打入海底。

倘若如此，那些投降新朝的文臣武将，或许就能心平气和地安度晚年了……

于是乎，大元朝从上到下，大家都心有默契地联合起来，拼了命地轮番去劝这个老顽固。

可惜，谁也没有成功。

当然，如果他们成功了，历史上也就没有文天祥了。

宋恭帝也去了，他是被迫去的。但是很显然，他的出现并不会软化文天祥的意志，反而只会让他变得更加坚定。

说起来小皇帝此时已经十岁了，有了这么多的惨痛经历之后，也应该能够明白眼前的这个形同叫花子一样的囚犯到底是谁，以及为什么会待在这里了。想来那一刻的宋恭帝，心里想的绝不是要来完成劝降任务这么简单。

但是他又什么都做不了，此时的他，除了在心底默默流泪以外，做出其他任何的举动，都会是异常危险的。

话说大家的劝降都失败了，按理说文天祥应该就离死不远了吧？但是，正因为前面提到的那种心理，此刻忽必烈耳中所听到的，反而是众口一词推荐文天祥的建议。

于是忽必烈，这个创立了大元帝国的一代枭雄，决定亲自作最后的努力。

他召见这个让他又恨又敬的前朝旧臣，推心置腹地跟他说：

“汝以事宋之心事我，那以汝为中书宰相。”

这是文天祥最后的生机，这一点他当然知道。他当然也知道，如果是为了把自己吊起来卖个好价钱，此时就是利益最大化的收网时机。

一念之间，富贵荣华，或者人头落地。

但他终究没有背弃自己的信仰，并且毫不犹豫地为之付出了自己的一切。

公元 1283 年农历正月初九，文天祥在被囚禁了四年之后，终于走到了自己人生的终点。

在大都城的刑场上，已经被折磨得憔悴不堪的他，颤颤巍巍地向着大宋朝曾经所在的南方再行跪拜大礼，完成自己最后的心愿后，慷慨赴死。

也许在他的心中，一切该做的都已经做到，经此一拜，便再无遗憾了。

死后，有人在他的衣带里发现一首绝命诗：

“孔曰成仁，孟曰取义，惟其义尽，所以仁至。读圣贤书，所学何事？而今而后，庶几无愧！”

我们始终认为，正是文天祥用他的生命向世人庄严宣示了大宋士子那一腔不容玷污的倔强，即便是面对无法抗拒的命运，也会始终固守着自己的本来信仰，并为之奋斗终生。而这，才是中华几千年来承继不息的坚强意志，才是宋朝三百多年为我们延续下来的最宝贵的精神财富！

图书在版编目(CIP)数据

宋给你的故事 / 刘钊著. —北京：中国法制出版社，2019.12

ISBN 978-7-5216-0527-3

Ⅰ. ①宋… Ⅱ. ①刘… Ⅲ. ①中国历史－宋代－通俗读物
Ⅳ. ①K244.09

中国版本图书馆CIP数据核字（2019）第189488号

责任编辑：李 佳 刘冰清　　封面设计：汪要军

宋给你的故事

SONG GEI NI DE GUSHI

著者 / 刘钊

经销 / 新华书店

印刷 / 三河市紫恒印装有限公司

开本 / 880毫米 × 1230毫米 32开　　印张 / 9.25 字数 / 206千

版次 / 2019年12月第1版　　2019年12月第1次印刷

中国法制出版社出版

书号ISBN 978-7-5216-0527-3　　定价：42.00元

北京西单横二条2号 邮政编码100031　　传真：010-66031119

网址：http://www.zgfzs.com　　编辑部电话：010-66034985

市场营销部电话：010-66017726　　邮购部电话：010-66033288

（如有印装质量问题，请与本社印务部联系调换。电话：010-66032926）